Diogenes Taschenbuch 23493

Denken mit Friedrich Dürrenmatt

Ausgewählt und zusammengestellt von Daniel Keel und Anna von Planta

Diogenes

Quellenhinweise
am Schluß des Bandes
Die vorliegende Ausgabe ist
eine Auswahl aus dem 1982
erstmals erschienenen gleichnamigen Band,
der 1989 unter dem Titel *Denkanstöße*
unverändert wiederaufgelegt wurde
Sie folgt der durchgesehenen und ergänzten
Ausgabe, die 2000 unter dem Titel
Der Gedankenschlosser erschienen ist
Umschlagfoto von
Eduard Rieben

Veröffentlicht als Diogenes Taschenbuch, 2005

www.diogenes.ch
40/05/52/1
ISBN 3 257 23493 7

Es gibt in der deutschen Sprache die zwei Ausdrücke ›sich ein Bild machen‹ und ›im Bilde sein‹. Wir sind nie ›im Bilde‹ über diese Welt, wenn wir uns von ihr kein Bild machen. Dieses Machen ist ein schöpferischer Akt. (32/68)

Ich will freimütig meine Gedanken äußern, nicht ganz zu Ende formuliert; ich tue es allein aus dem Grunde, weil man mich als einen Schriftsteller, einen Komödienschreiber fragt, und nicht, weil ich ihnen einen mehr als persönlichen Wert beimesse. Das ist auch ganz in Ordnung. Im Symposium ließ Plato neben Sokrates auch Aristophanes zu Wort kommen. Ich lehne es deshalb ab, als Denker aufzutreten; als Dilettant in dieser Tätigkeit kann ich mich jedoch auch unbekümmerter äußern, als wenn ich zur Zunft gehörte, und das mag manchmal auch sein Gutes haben. (32/60)

Alltag

Wir müssen den Mut haben, zu unserer Zeit zu stehen. Nur getrost, auch sie hat ihre Helden und Raubritter, und in der Wirtschaft geht es nicht gnädiger zu als in der Schlacht im Teutoburger Walde.

Nicht Herzöge und Feldherren, sondern Geschäftsleute, kleine Krämer, Industrielle, Bankiers, Schriftsteller sind die Rollenträger unserer Zeit – noch genauer: wir alle sind es, und die Handlung, die wir durchmachen, durchstehen müssen, ist die unseres Alltags. (16/179)

Aufklärung

Wir neigen dazu, die Aufklärung zu unterschätzen. Vielleicht weil wir von ihr ernüchtert sind oder enttäuscht oder weil wir uns in die Zeit des unangefochtenen Glaubens zurücksehnen, zurück in die Nestwärme des Nichtangezweifelten.

Sie setzte, wie wir annehmen, an Stelle des Glaubens die Vernunft, und die Vernunft ist etwas Kaltes. Sie brachte, wie wir zwar wissen, das neue wissenschaftliche Denken hervor, aber wir weigern uns, dieses neue Denken als ein philosophisches Denken anzuerkennen, obgleich es wie nie ein anderes Denken die Welt veränderte und in Gebiete vorstieß, die vorher Sache der philosophischen Spekulation waren. (35/35 f.)

Bild

Das abstrakte Denken des Menschen, die jetzige Bildlosigkeit der Welt, die von Abstraktheiten regiert wird, ist nicht mehr zu umgehen. Die Welt wird ein ungeheurer technischer Raum werden oder untergehen. Alles Kollektive wird wachsen, aber seine geistige Bedeutung einschrumpfen. Die Chance liegt allein noch beim Einzelnen. Der Einzelne hat die Welt zu bestehen. Von ihm aus ist alles wieder zu gewinnen. Nur von ihm, das ist seine grausame Einschränkung. Der Schriftsteller gebe es auf, die Welt retten zu wollen. Er wage es wieder, die Welt zu formen, aus ihrer Bildlosigkeit ein Bild zu machen. (32/67)

Demokratie

Die Demokratie ist eine der großen politischen Ideen des Menschen. Dazu finden sich in der Schweiz Ansätze. Die Demokratie ist ein Versuch, innerhalb eines Machtsystems möglichst viele an der Macht zu beteiligen: die Mehrheit herrscht über die Minderheit.

Doch je komplizierter ein Staat wird, desto komplizierter wird die Durchführung der Demokratie; die Schweiz, in der noch Möglichkeiten einer direkten Demokratie bestehen, macht davon keine Ausnahme. Ein Land muß nicht nur regiert, es muß auch verwaltet werden. Es sind nicht nur Beschlüsse zu fassen, sie sind auch zu verwirklichen: Die Politik setzt sich aus Politikern zusammen, die die Politik beschließen, und aus Beamten, die die Politik durchführen.

Je komplizierter nun der gesamtpolitische Apparat eines Landes wird, desto mehr werden Politiker Beamte und Beamte Politiker. (33/74 f.)

Das Parlament

Das Parlament repräsentiert in Wirklichkeit nur sich selbst und nur ideologisch das Volk. Die Struktur der modernen Gesellschaft, in der ein jeder irgendwie ein Angestellter ist, arbeitet der Demokratie entgegen. Ein jeder ist gewohnt, sich verwalten zu lassen. Die Demokratie setzt jedoch Kritik voraus und die Angewohnheit, der Regierung auf die Finger zu sehen. Ein Parlament dagegen, das nur aus Beamten und Funktionären besteht, kommt in Versuchung, dem Volke vorzuschreiben, wie es zu sein hat. Wir haben gehorsame Demokraten zu sein. (33/75)

Sozialdemokratie und Volksdemokratie

Das Dilemma der Sozialdemokratie: Sie bietet den Sozialstaat an, aber der Sozialstaat bedeutet ›mehr Staat‹, was der bürgerliche Staat auch anbietet, auch er muß ein Mehr an Staat hinnehmen, das Gesetz der großen Zahl zwingt allen den Sozialstaat auf. Die Koalition der Sozialdemokraten mit den bürgerlichen Parteien ist logisch: beide wollen nicht das gleiche, aber müssen das gleiche tun. Das trifft auch zu, wo einer der beiden, bald der eine, bald der andere, in Opposition tritt, jeder, einmal an der Macht, muß dem Staat ein ›Mehr‹ zufügen. Die Furcht beider ist freilich verschieden, wenn auch mit viel Demagogie verbunden. Die ›Bürgerlichen‹ fürchten die Volksdemokratie, die Sozialdemokraten die Diktatur. (33/120)

Gegen den Staat für den Staat

Nur so hat die Demokratie noch einen Sinn: im Kampf gegen den Staat für den Staat, in der Auseinandersetzung mit der Institution für die Institution, als Versuch, den Staat zu vermenschlichen. Mehr, als den Staat zu humanisieren, vermag keine Politik, sonst wird sie zum Abenteuer. (28/304)

Erde

Am 20. Juli 1969 begann nicht ein neues Zeitalter, sondern der Versuch, sich aus dem unbewältigten 20. Jahrhundert in den Himmel wegzustehlen. Nicht die menschliche Vernunft wurde bestätigt, sondern deren Ohnmacht. Es ist leichter, auf den Mond zu fliegen, als mit anderen Rassen friedlich zusammenzuleben, leichter, als eine wirkliche Demokratie und einen wirklichen Sozialismus durchzuführen, leichter, als den Hunger und die Unwissenheit zu besiegen, leichter, als den Vietnamkrieg zu vermeiden oder zu beenden, leichter, als den wirklichen Mörder eines Präsidenten zu finden, leichter, als zwischen den Arabern und den Juden und zwischen den Russen und den Chinesen Frieden zu stiften, leichter, als die Sahara zu bewässern, leichter, als den von einer kleinen weißen Volksgruppe besiedelten Kontinent Australien auch für andere Rassen zu öffnen, ja leichter, als das Zweistromland des Tigris und Euphrat wieder zu jener fruchtbaren Ebene zu machen, die es einst war.

Nicht der Mondflug ist das Schlimmste, er ist nichts als eines jener technischen Abenteuer, die durch die Anwendung von Wissenschaften immer wieder möglich werden: Schlimm ist die Illusion, die er erweckt. Ein neuer Kolumbus ist unmöglich, denn er entdeckte einen neuen Kontinent, der zu bevölkern war, Apollo 11 jedoch erreichte nichts, was der Erde entsprach, sie erreichte bloß die Wüste der Wüsten, den Mond. Wie weit wir auch unser Sonnensystem durchmessen, immer werden die Bedingungen auf den anderen Planeten so schlecht, so jämmerlich, so unmenschlich sein, daß diese Welten von der Erde aus nie besiedelt werden können. Mag es auch auf dem Mond oder auf dem Mars ein astronomisches Institut geben, mit einer künstlichen Atmosphäre (ich hoffe es), es zählt nichts, gegenüber dem, was sich auf der Erde ereignen wird. (33/30 f.)

Erkenntnis

Ist der Forderung *Erkenne dich selbst* schwer und nur unzulänglich nachzukommen, da sich ein jeder über sich selbst am leichtesten täuscht, so stellt uns gar der Versuch, den andern zu erkennen, vor unüberwindliche Schranken. Mögen wir dem andern noch so nahe stehen, mögen wir ihn lieben, achten, oder mögen wir seine Gegner sein, wir kennen ihn nie, wie er ist, wir kennen nur Zeichen, die von ihm kommen, Wirkungen, die von ihm ausgehen, Fakten, die sich feststellen, zusammenstellen lassen. Wir erleben den andern, oft eindringlich, manchmal erschütternd, doch unser Wissen über ihn ist grausam begrenzt, grausam begrenzt aber auch die Möglichkeit, ihm zu helfen. Der wirkliche Raum zwischen den Menschen ist unermeßlicher, als wir das wahrhaben wollen, als die Liebe, die Freundschaft, ja die Feindschaft es wahrhaben will. Seinen Weg hat ein jeder selber zu gehen, er wird auf eine Bahn geschleudert, die ihn unweigerlich immer weiter von den andern treibt, in den Tod. (30/121)

Faschismus

Nicht zufällig ist jeder Faschismus mit einer Blut-und-Boden-Literatur verbunden. Was emotional ist, muß auch kultisch sein. Wie wir in der heutigen Zeit eine heiße Kunst, die mehr an das Gefühl appelliert, von einer kalten Kunst unterscheiden, die mehr den Verstand anspricht, so können wir auch von einer heißen und einer kalten Politik reden. Der Faschismus verführt, wie jedes Emotionale, zu einer heißen Politik. Das Individuum wird durch ihn zur Identifikation mit einer emotionalen Realität verlockt, überhaupt werden in ihm alle Emotionen frei, die positiven und die negativen, Liebe, Glaube, Treue, Haß, Aggression usw.; Gefühle, die in Verbindung mit einer rein emotionalen, heißen Politik zerstörerisch, ja selbstmörderisch werden. (33/81)

Friede

Was ist Friede? Vom Kriege aus gesehen – wie man ihn heute leider noch oft betrachtet – etwas Positives, ausschließlich Positives, wie das Land für den Seemann in Seenot. Friede bedeutet dann vor allem Kind in der Wiege, wogende Kornfelder, je nach Politik Glockengeläute von Kirchen oder Gesang im Kolchos. Sieht man jedoch den Frieden nicht vom Kriege her, sondern vom Frieden selber aus, verliert er das positive Vorzeichen, er bekommt aber auch kein negatives. Der Friede ist etwas Inkommensurables. Allein vom Verstand her wäre er leicht zu bewältigen, seine Axiome sind leicht zu finden.

Die ungeheuren Aufgaben, vor denen die Welt steht und die allen sichtbar sind, werden ständig durchkreuzt von Machtfragen, Dogmen, Nationalismen, das politische Denken geht meistens nach. Doch von jedem einzelnen aus gesehen, nimmt der Friede ein noch anderes Gesicht an, sein wahrstes: er wird zum Alltag, zur Sorge um das tägliche Brot, er wird zur Bühne, auf der sich das menschliche Leben normalerweise abzuspielen hat, als Komödie, als Tragödie, meistens aber als ein recht mäßiges und spannungsloses Drama, bei dem es kein Davonlaufen gibt. (16/178)

Nur im Privaten kann die Welt auch heute noch in Ordnung sein und der Frieden verwirklicht werden. Ein grausamer Satz. Doch geben wir alle die Hoffnung auf einen allgemeinen Frieden nicht auf. Wir fordern nicht viel. Der Friede ist nichts als eine Selbstverständlichkeit, die an sich keine Probleme löst. Das ist seine immanente Schwierigkeit. Hier lauert die Gefahr: daß man von ihm zu viel erwartet. (16/179)

Dem Kampf einen Sinn zu geben ist leicht, weil wir uns vorlügen, der Sinn dieses Kämpfens liege im Frieden; mit dieser Lüge legen wir den Sinn in ein Ziel außer uns, wir legen es in unseren Gegner und damit ins Unerreichbare. Auch wenn wir den Gegner erlegen, steht gegen uns ein neuer Gegner auf, den erlegten zu rächen, den wir, um nicht seiner Rache zu erliegen, wieder erlegen müssen: so schieben wir den Frieden vor uns her, statt ihn zu erreichen. (35/143)

Den Frieden muß man durchmachen, durchhalten, aushalten; ja, in einer ganz bestimmten Weise ist das vielleicht viel schwerer als das Durchmachen eines Krieges. (16/177 f.)

Gedankensplitter

Ein Bettler, der in Not gerät, ist ein Dilettant. (4/24)

Leider ist die Ausbeutung schon lange nicht mehr das alleinige Vorrecht der Kapitalisten. (34/12)

Der Mensch sieht sich immer gewaltiger von Dingen umstellt, die er zwar handhabt, aber nicht mehr begreift. (32/63)

Denken ist halsbrecherisch, falls es seinen Namen verdient. (35/42)

Wer eine Welt gebaut hat, der braucht sie nicht zu deuten. (33/11)

Wer einen Diktator einen Dämon nennt, verehrt ihn heimlich. (34/11)

In Gefängnissen bekommt man nur positive Literatur zu lesen. (33/13)

Nichts kommt die Menschheit teurer zu stehen als eine billige Freiheit. (34/17)

Die Erde ist eine Chance. (12/146)

Bewahrt das Gute, vergeßt das Mittelmäßige und lernt vom Schlechten. (1/19)

Von den Idealen redet man so viel, weil sie nichts kosten. (34/13)

Die Kultur ist keine Ausrede. (34/12)

Die Menschheit hat eine Diät nötig und nicht eine Operation. (34/11)

Neutralität ist eine politische Taktik, keine Moral. (34/62 f.)

Neutralität ist die Kunst, sich möglichst nützlich und möglichst ungefährlich zu verhalten. (34/63)

Es gibt nichts Billigeres als den Pessimismus und nicht leicht etwas Fahrlässigeres als den Optimismus. (34/12)

Von der Politik haben wir Vernunft, von den Einzelnen Liebe zu fordern. Es ist Sache der Politik, dafür zu sorgen, daß aus der Chance Einzelner die Chance der Einzelnen wird. (34/19)

Was einmal gedacht wurde, kann nicht mehr zurückgenommen werden. (7/85)

Falsche Mythen führen zu einer falschen Politik. (33/13)

Das Schwerste ist: Sich nicht zu rechtfertigen. (33/13)

Das Schicksal, an sich boshaft, liebt Streiche, sein Geschmack ist die Kolportage, nicht die Belletristik. (14/129)

Schreiben geht entweder unendlich schnell oder unendlich langsam vor sich. (33/12)

Manche schreiben, als wäre die Literatur eine Grabinschrift. (33/12)

Alle Dilettanten schreiben gern. Darum schreiben einige von ihnen so gut. (33/12)

Sie wiegen sich mit der Literatur in Sicherheit. (33/12)

Viele schreiben nicht mehr, sondern treiben Stil. (33/12)

Wer Stil treibt, vertreibt sich nur die Zeit. (33/12)

Das Beste an der heutigen Weltlage ist noch, daß die Schriftstellerei wieder anfängt, gefährlich zu werden. (34/14)

Wer einen großen Skandal verheimlichen will, inszeniert am besten einen kleinen. (2/16)

Es gibt sowenig einen christlichen Staat, wie es christliche Parteien gibt. (33/27)

Wie der Mensch für seine Taten Begründungen erfindet, erfindet er auch für seine Leiden Trost. (35/182)

Wer die Endzeit erwartet, ist zu ungeheuren Leiden, wer sie herbeiführen will, zu ungeheuren Verbrechen fähig. (35/59)

Man darf nie aufhören, sich die Welt vorzustellen, wie sie am vernünftigsten wäre. (33/13)

Es hat viele entmutigt, daß ein Trottel wie Hitler an die Macht kommen konnte, aber auch einige ermutigt. (34/11)

Die Welt ist als Problem beinahe und als Konflikt überhaupt nicht zu lösen. (33/13)

Je planmäßiger die Menschen vorgehen, desto wirksamer vermag sie der Zufall zu treffen. (7/91)

Ist Kultur etwas, das man retten kann? (2/33)

Mit den ungeborenen Enkeln pflegt man oft alles zu entschuldigen. (34/13)

Daß man sich auch durch den Tod aus dem Staube machen kann, ist manchmal ungerecht. (34/14)

Geld und Geist

Es gibt Geschäfte, die so beschaffen sind, daß es höchst unmoralisch wäre, sie moralisch zu führen, und andere, die so unmoralisch sind, daß sie nur moralisch geführt werden dürften. Das sind mehr als Nuancen. Diese Unterscheidungen weisen auf Notwendigkeiten hin, die dem Geschäftsleben von seinem Ziele her diktiert werden. Das Ziel eines Geschäfts liegt jedoch in seiner Rentabilität; ein Geschäft zu führen, das nicht rentiert, ist sinnlos. Deshalb muß auch eine Schriftstellerei rentieren. Aber wie? Unter allen Umständen oder unter bestimmten? Versucht man so nicht tiefsinnig, aber wesentlich über Schriftstellerei zu reden, ist es vorerst notwendig, sich über die Art dieses Geschäfts Klarheit zu verschaffen. Hier nun stoßen wir auf eine Schwierigkeit. Ein Bankier weiß oder sollte wissen, was er treibt. Sein Geschäft läßt sich klar umschreiben, ohne daß andere als materielle Werte aufgeboten werden müssen, es zu rechtfertigen. Die Schriftsteller dagegen neigen dazu, ihre

Geschäfte und besonders ihre guten als Leistungen darzustellen, von denen gleich das ganze Abendland abhänge, der Geist muß her als Ausrede dafür, ein Geschäft erstrebt oder gemacht zu haben, sie tun so, als ob vom Geiste her gesehen die Frage nach der geschäftlichen Seite von vorneherein unerheblich sei. Es findet so ein unmoralischer Wettbewerb statt, der nur deshalb nicht verpönt ist, weil in unserer Welt immer mehr auch die übrigen Geschäftsleute, besonders die Bankiers und die Politiker, dazu übergegangen sind, den Geist als Ausrede zu benutzen. Man macht in Geist, die Geschäfte stellen sich en passant ein. Die erste Frage lautet daher, ob der Schriftsteller da mitmache, ob er sich als Geist mit Sondererlaubnissen in Extraposition betrachte oder als ehrlichen Geschäftsmann. Es ist eine Gewissensfrage, wenn nicht *die* Gewissensfrage. Schätzt sich der Schriftsteller als ein erhabenes Wesen ein, wertet er sich zum Dichter auf, so muß er die Frage nach seinem Geschäft als frivol bezeichnen, nicht einen Beruf ausüben, sondern als Berufener auftreten. Das tun denn auch viele und oft hemmungsloser, als man das für möglich hielte. Sie sind in relativer Sicherheit. Geistliche und Dichter fragt man nicht nach ihren Geschäften, die wickelt der Himmel ab. Reiht sich jedoch der Schriftsteller ein, zählt er sich zu den Geschäftsleuten, so kann er immer noch danach trachten, der Prostitution zu entgehen, für Geist Geld zu nehmen: indem er sich nämlich entschlossen weigert, geistige Werte zu liefern, indem er Stoffe, aber keinen Trost fabriziert, Sprengstoff, aber keine Tranquilizer. Auf die Ware kommt es an. (30/87 f.)

Gerechtigkeit und Recht

Wollen wir eine gerechte Gesellschaftsordnung konstruieren, gibt es vom Material Mensch her, das uns zum Bau zur Verfügung steht, zwei Konstruktionsmöglichkeiten. Wir können vom besonderen Begriff des Menschen ausgehen, vom Individuum, oder vom allgemeinen Begriff des Menschen, von der Gesellschaft. Wir müssen wählen. Doch bevor wir wählen, müssen wir uns über die Gerechtigkeit klar werden, die wir durch eine Gesellschaftsordnung verwirklichen können. Doch wie der Mensch zwei Begriffe von sich aufstellt, besitzt er auch zwei Ideen von der Gerechtigkeit.

Das Recht des Einzelnen besteht darin, er selbst zu sein: dieses Recht nennen wir Freiheit. Sie ist der besondere Begriff der Gerechtigkeit, den ein jeder von sich macht, die existentielle Idee der Gerechtigkeit.

Das Recht der Gesellschaft besteht dagegen darin, die Freiheit eines jeden einzelnen zu garantieren, was sie nur vermag, wenn sie die Freiheit eines jeden einzelnen beschränkt. Dieses Recht nennen wir Gerechtigkeit, sie ist der allgemeine Begriff der Gerechtigkeit, eine logische Idee. Die Freiheit und die Gerechtigkeit stellen die beiden Ideen dar, mit denen die Politik operiert, durch die sie den Menschen insoweit in den Griff bekommt, als sie beide Ideen berücksichtigt. Läßt die Politik eine der Ideen fallen, wird sie fragwürdig. Ohne Freiheit wird sie unmenschlich und ohne Gerechtigkeit ebenfalls. Dennoch ist die Beziehung der Freiheit zur Gerechtigkeit problematisch. Eine allgemeine Phrase definiert die Politik als die Kunst des Möglichen; sieht man jedoch genauer hin, erweist sie sich als die Kunst des Unmöglichen. Die Freiheit und die Gerechtigkeit bedingen einander nur scheinbar. Die existentielle Idee der Freiheit steht auf einer anderen Ebene als die logische Idee der Gerechtigkeit. Eine existentielle Idee ist emotional gegeben, eine logische Idee konzipiert. Es läßt sich eine Welt der absoluten Freiheit denken und eine Welt der absoluten Gerechtigkeit. Diese beiden Welten würden sich nicht decken, sondern einander widersprechen. Beide würden zwar eine Hölle darstellen, die Welt der absoluten Freiheit einen Dschungel, wo der Mensch wie ein Wild gejagt, die Welt der absoluten Gerechtigkeit ein Gefängnis, wo der Mensch zu Tode gefoltert wird. Die unmögliche Kunst der Politik besteht darin, die emotionale Idee der Freiheit mit der konzipierten Idee der Gerechtigkeit zu versöhnen; das ist nur auf der Ebene des Moralischen möglich und nicht auf der Ebene des Logischen. Anders gesagt: Die Politik vermag nie eine reine Wissenschaft zu sein. (33/57 f.)

Glaube

Es gibt Augenblicke, da ich zu glauben vermag, und es gibt Augenblicke, da ich zweifeln muß. Das Schlimmste, glaube ich, ist, glauben zu wollen, was es nun sei, was man glauben will, sei es das Christentum oder irgendeine Ideologie. Denn wer glauben will, muß seine Zweifel unterdrücken, und wer seine Zweifel unterdrückt, muß sich belügen. Und nur wer seine Zweifel nicht unterdrückt, ist imstande, sich selbst zu bezweifeln, ohne zu verzweifeln, denn wer glauben will, verzweifelt, wenn er plötzlich nicht glauben kann. Aber wer sich bezweifelt, ohne zu verzweifeln, ist vielleicht auf dem Wege zum Glauben. Ohne ihn vielleicht je zu erreichen. Was für ein Glaube es jedoch ist, dem so einer entgegengeht, ist seine Sache. Es ist sein Geheimnis, das er mit sich nimmt, denn jedes Glaubensbekenntnis ist unbeweisbar, und was nicht bewiesen werden kann, soll man für sich behalten. (14/326 f.)

Glauben und Wissen

Sokrates glaubte einmal, das Studium der Physik sei nichts für den Menschen, der Mensch sei kein Gott, die Welt zu verstehen, der Mensch wisse bloß, daß er nichts wisse, was er unter dieser tristen Vorbedingung trotzdem unternehmen könne, nämlich richtig zu leben, sei seine Angelegenheit, stelle seine eigentliche Philosophie dar. So handle ich denn nicht als Wissender oder als einer, der glaubt zu wissen, als Ideologe, weil ich wie Sokrates zwar weiß, daß ich nichts weiß, aber auch weil ich nur an etwas zu glauben vermag, das ich damals, als ich auf den Trolleybus sprang, nur ahnte, das mir aber einmal einleuchten würde, wofür es keinen Namen gibt, nur ein Bild, ein Hinausrennen um hineinzurennen eben, auf eine unerklärliche Weise freilich, was auch niemanden zu bekümmern braucht, weil sich um seinen Glauben zu kümmern nun wirklich nur die Sache eines jeden sein kann, so daß ich zwar nach der Wirklichkeit frage und das unablässig, soweit diese Wirklichkeit erkennbar ist, und sei sie dies auch nur als handfeste praktische Wirklichkeit (in welcher der Jammer der ganzen Welt beschlossen liegt), neugierig und darum doppelt unbequem. Einer, der so denkt, kann nur objektiv sein, wenn es nicht ihn selbst betrifft. Er wird verlegen, wenn seine eigene Sache ins Spiel kommt, sein Glaube zum Beispiel, das Wunderbarste sei das menschliche Hirn, wunderbarer noch als der Gott, den es sich auszudenken vermag, und der Weltraum, den es sich vorzustellen versucht; verlegen, da er sich selber nicht zu objektivieren vermag, weil er dann sich selber verliert, liegt doch das einzige Vorrecht eines Menschen darin, mißverstanden zu werden, der einzige Sand, auf dem sich etwas bauen läßt. (29/230 f.)

Das Wissen ist eine dünne Eisdecke über dem kochenden Abgrund des Glaubens. Es deckt den Glauben zu, ohne dessen Macht zu erreichen: Der Glaube treibt im Unterbewußten unkontrolliert sein Wesen. Und nicht nur er: Das Irrationale steigt aus der Tiefe. Was aus der Tiefe steigt, ist gefährlich. Es ist eruptiv.

Die Weltformel wird nicht die Wirklichkeit sein, sondern die mathematische Interpretation der Wirklichkeit. Damit wird die Physik abgeschlossen sein. Aber immer weniger werden die

Weltformel verstehen und immer mehr bloß glauben, sie zu verstehen, bis man sie nur noch glauben wird, wie man an Gott glaubt: Ihre Unverständlichkeit wird der Beweis ihrer Richtigkeit sein. Die Weltformel wird mit der Wahrheit verwechselt werden, das Wissen in den Glauben umkippen: Die Weltformel wird zur Kabbala, zum Fundament eines neuen Glaubens, nicht mehr begriffen, nur noch gedeutet. Die Menschen wollen glauben, nicht wissen, weil sie nur als Gläubige zu wissen glauben. Sie werden nach CERN wandern wie die Muslims nach Mekka. Die Schweiz hat noch eine Chance. (18/574)

Gott

Gibt es einen Gott, über dessen Existenz kein Mensch zu entscheiden vermag, so ist der Zweifel an seiner Existenz nichts als der von Gott gewählte Schleier, den er vor sein Antlitz senkt, seine Existenz zu verbergen; gibt es ihn nicht, so sind die Worte, mit denen wir über ihn spekulieren, in den Wind gesprochen, der sie davonträgt wie alle menschlichen Worte. (35/15)

Gott liegt gänzlich außerhalb jeder Rede, jeder Sprache, seine offenbarten Worte, unabhängig vom Glauben an sie und an ihn, auch wenn wir ihn nur fingieren als Wesen außerhalb der Welt, dringen in unsere Wortsphäre von außen, wie Meteore in die Erdatmosphäre, vom gänzlich Sprachlosen und Begriffslosen her: eine bedeutendere Sprachkonzeption, eine gewagtere Fiktion kann es nicht geben, ob es eine ›wahre‹ Konzeption ist, bleibt unbeweisbar, aber auch im Bereich des Logischen unwesentlich, der menschliche Geist verhält sich konzipierend, nicht ›wahr‹, er dringt in die ›Wahrheit‹ vermittels Konzeptionen, er ist nicht identisch mit der Wahrheit. »Gott ist tot« ist ein ebenso nebensächlicher Satz wie »Die Null ist tot«. Die ›Wirklichkeit‹ hat weder einen Gott noch die Null nötig, ebensowenig wie der Sternenhimmel die Teleskope. (35/105)

Ob es sich um die Abschreckung durch Atombomben, um Atomkraftwerke, um die Lagerung von Atommüll, um die Plünderung unseres Planeten usw. handelt, immer reden diejenigen, welche daran glauben, uns ein, wir sollen glauben, was sie tun, sei absolut sicher. Wir haben mit dem Glauben ein menschliches Kraftfeld betreten, das uns das Fürchten beibringt. Nicht was die Menschen über Gott, sondern was sie über sich glauben, macht das Schicksal der Sterblichen aus. (29/111)

Es wird behauptet, die Unvorstellbarkeit Gottes gehöre zu seinem Wesen wie seine Unbeweisbarkeit. Doch wozu das noch ›Gott‹ nennen? Ein entleertes Wort: eine Groteske. Aber daß der Liebe Gott der Christen, der Vater, der im Himmel ist, den Goethe noch den Allumfasser, den Allerhalter nannte, eine Groteske geworden ist, zeigt am besten die geistige Krise unserer Zeit, die anfängt, das Wunder Mensch zu entdecken und seinen Sinn in ihm selber. Die alten Fluchtwege des Menschen sind verschüttet, er beginnt sich selber zu stellen. Er war sein eigener Feind. Er muß sein eigener Freund werden. Dann erst kann er seinen Nächsten wie sich selber lieben. Jesus war vielleicht der erste wirkliche Atheist. Aber was wissen wir von ihm? (18/586)

Humor

Und so komme ich mir denn vor wie einer, der sein Haus gegen Osten zu verließ und, seine Richtung stur einhaltend, alle nur denkbaren Verkehrsmittel benutzend, sein Haus plötzlich von Westen her kommend wiederfindet. Trat er aus der Vordertür hinaus, steht er nun vor der Hintertür und trifft die alten Fragmente, all das Halbbegonnene, Liegengelassene, ja nur Gedachte wieder an, das er einmal zur Hintertür hinauswarf, in der Meinung, es sei dann aus dem Wege geschafft.

Doch fragt mich nun einer, wozu denn diese Reise, so antworte ich, des Reisens wegen; und fragt er, was ist dein Standpunkt, so antworte ich, der eines Reisenden; fragt er unerbittlicher, deinen politischen Standpunkt will ich wissen, antworte ich, von Fall zu Fall, in der Sowjetunion, halte ich mich dort auf, bin ich Antikommunist, in Indien oder Chile, wäre ich dorthin verschlagen, Kommunist usw.

Leuchtet dir Gott ein? schreit er von irgendwoher zwischen mir und der Türe, aus der ich ging. Er hat mich nicht erleuchtet, daß er mir einleuchtet, antworte ich und schreite in die immer schwärzere Dunkelheit, in die immer gewaltigere Finsternis. Also glaubst du nicht an Gott, schreit er, endlich habe ich dich festgenagelt. Warum wirst du denn gleich so verdammt theologisch, schreie ich noch, bevor ich endgültig in die Nacht entweiche, stur geradeaus. Du gehst schon wieder auf Reisen, schreit er mir, glaube ich, nach, höhnisch, aus Leibeskräften, obgleich ich für ihn längst nicht mehr auszumachen bin, und ich antworte, und es ist unwahrscheinlich, daß er mich durch die unendliche Schwärze zwischen sich und mir, zwischen Mensch und Mensch, noch versteht, während ich im Ungewissen, Weltweiten, nur Ahnbaren den ersten unwillkürlichen Lichtschimmer errate, mein Ziel, das ich anstrebe, den Ausgangspunkt meiner Reise, den ich eben verlassen habe, die Hintertür mit dem Gerümpel davor, den Rücken des Fragenden endlich, durch die Vordertür sichtbar, in der Nacht stehend, in der er mich zu erspähen sucht, vergeblich, da ich mich, indem ich mich ihm nähere, immer mehr von ihm entferne: Ich habe nur wieder eine Geschichte erzählt.

Und während ich weiterlaufe, immer weiter, fragt einer plötzlich, einer neben mir, einer, an dem ich auf meinen Wanderungen stets vorbeigelaufen bin und den ich doch anreden wollte, ein Schauspieler: Na schön, aber wie soll man das Ganze denn spielen?

Und ich antworte, während mich die Nacht verschluckt, wie sie alle verschluckte, alle, alle: Mit Humor! (14/324 ff.)

Ideologien

Ideologien sind Ausreden, an der Macht zu bleiben, oder Vorwände, an die Macht zu kommen. Aber die Macht kann nur mit den Mitteln der Macht behauptet oder erobert werden: mit der Gewalt. So rechtfertigen die Ideologen nicht nur die Macht, sie verklären auch die Gewalt, mit deren Opfern sie nachträglich wie Beerdigungsinstitute verfahren: Sie richten her, was sie hingerichtet haben. (33/64)

Krieg

Selbst der Krieg wird abhängig davon, ob die Elektronen-Hirne sein Rentieren voraussagen, doch wird dies nie der Fall sein, weil man weiß, gesetzt die Rechenmaschinen funktionieren, daß nur noch Niederlagen mathematisch denkbar sind: wehe nur, wenn Fälschungen stattfinden, verbotene Eingriffe in die künstlichen Hirne, doch auch dies wäre weniger peinlich als die Möglichkeit, daß eine Schraube sich lockert, eine Spule in Unordnung gerät, ein Taster falsch reagiert: Weltuntergang aus technischem Kurzschluß, Fehlschaltung. So droht kein Gott mehr, keine Gerechtigkeit, kein Fatum wie in der fünften Symphonie, sondern Verkehrsunfälle, Deichbrüche infolge Fehlkonstruktion, Explosion einer Atombombenfabrik, hervorgerufen durch einen zerstreuten Laboranten, falsch eingestellte Brutmaschinen. In diese Welt der Pannen führt unser Weg. (21/39)

Kunst

Daß Kunst ohne Objekt, daß ihr Ziel in ihr und nicht außer ihr zu suchen sei, ist eine unmögliche Forderung, liegt doch ihr Wert nicht in ihrem Ziel, sondern stets im Wagnis, ihr Ziel, die Objekte, die Welt zu erobern: Im Weg, nicht im Ausgangspunkt oder in der Ankunft, durchaus in ihrem Gefälle, so wie ein Fluß nur dadurch ist, weil er fließt, noch besser, so wie der Sinn der Schiffahrt, ihr Wesen, darin besteht, in See nach einem fremden Hafen zu stechen, und nicht in den Regeln, auf festem Land eine Galeere zu bauen oder auf einer fernen Insel einzukaufen. Die Kunst der Navigation, des Steuerns, macht sie groß oder gering. Dies ist das Abenteuer, das ihr aufgegeben worden ist und das zu bestehen ihre Würde ausmacht. Kunst ist Welteroberung, weil Darstellen ein Erobern ist und nicht ein Abbilden, ein Überwinden von Distanzen durch die Phantasie. (Es gibt keine andere Überwindung von Distanzen, keine andere Fahrt zum Mond, genauer, zur Beteigeuze oder zum Antares, noch exakter: keine andere Überwindung des Abgrunds zwischen den Dingen als durch die Phantasie.) Kunst ist Mut, dies immer wieder zu tun, Beharrlichkeit, nicht abzulassen, Ursprünglichkeit, zu sehen, daß die Welt immer von neuem entdeckt und erobert werden muß. Denn nur dann ist unser Dasein eine Gnade oder ein Fluch und nicht bloß eine mechanische Existenz, wenn wir in ihm die Welt in *jedem* Augenblick gewinnen oder verlieren können. Die Krise der Kunst kann nur darin liegen, daß die Meinung aufkommt – und in welcher Zeit kommt sie nicht auf –, die Welt sei schon entdeckt oder erobert, wenn statt dessen aus der Kunst etwas Statistisches wird, etwa eine Bestandesaufnahme, oder etwas Erklärendes, etwa eine Illustration, oder gar etwas Nützliches, gut für trauliche Stunden am Kamin, zur Verführung einer Frau, zur Verschönerung einer Augustfeier oder zur Bekränzung eines Weltmetzgers. (32/147 f.)

Eine rein bewußte Kunst gibt es ebensowenig wie eine rein instinktive. (30/126)

Die Frage ist, ob eine Kunst, die einmal stimmte, auch heute noch möglich ist. Die Kunst ist nie wiederholbar, wäre sie es, wäre es töricht, nun nicht einfach mit den Regeln Schillers zu schreiben. (30/59)

Kunst und Wirklichkeit

1 Jedes Kunstwerk stellt einen Aspekt der Wirklichkeit dar.

2 Die Wirklichkeit ist das Objektive, das Darstellen und der Aspekt sind das Subjektive.

3 Jedes Kunstwerk stellt auf eine subjektive Weise einen subjektiven Aspekt der Wirklichkeit dar.

4 Könnte ein Kunstwerk die Wirklichkeit abbilden, wäre es objektiv (als etwas Passives), weil ein Kunstwerk die Wirklichkeit nur darstellen kann, ist es subjektiv (als etwas Aktives).

5 Jedes Kunstwerk ist subjektiv.

6 Die Wirklichkeit, die ein Kunstwerk darstellt, ist eine ›subjektive Wirklichkeit‹.

7 Jede ›subjektive Wirklichkeit‹ ist in der Wirklichkeit enthalten.

8 Es ist unmöglich, daß ein Kunstwerk aus der Wirklichkeit fällt.

9 Die Aufgabe der Gesellschaft ist es, ihre Wirklichkeit im Kunstwerk zu entdecken.

10 Die Wirklichkeit der Gesellschaft ist die politische Struktur, in der sie lebt.

11 Jede politische Struktur läßt sich von zwei Seiten aus darstellen: von jener der Mächtigen und von jener der Ohnmächtigen aus.

12 Die Furcht vor dem Kunstwerk ist bei den Mächtigen eine doppelte: daß die Ohnmächtigen entweder in ihm ihre Beherrscher oder in ihm sich selber als Beherrschte entdecken.

13 Jedes Kunstwerk kann politisch wirksam werden: Es kann sich in ein politisches Gleichnis verwandeln.

14 Im Erleben eines Kunstwerks als politisches Gleichnis wird jenes für den, der es erlebt, mit der politischen Wirklichkeit gleichgesetzt.

15 Ob und wie ein Kunstwerk politisch wirksam wird, hängt von der Gesellschaft ab.

16 Ob und wie ein Kunstwerk politisch wirksam wird, ist nicht vorauszubestimmen.

17 Je unabsichtlicher ein Kunstwerk politisch wirksam wird, desto stärker wirkt es politisch.

18 Absichtlich politische Kunst wird am leichtesten politisch wirkungslos.

19 Ein Schrei ist kein Gedicht.

20 Jedes Kunstwerk braucht zu seinem Inhalt Distanz.

21 Ist sein Inhalt Empörung, ist seine Distanz Versöhnung.

22 Ist sein Inhalt Versöhnung, ist seine Distanz Empörung.

23 Ist sein Inhalt Trauer, ist seine Distanz Trost.

24 Ist sein Inhalt Trost, ist seine Distanz Trauer.

25 Ist sein Inhalt eine Tragödie, ist seine Distanz die Komödie.

26 Ist sein Inhalt eine Komödie, ist seine Distanz die Tragödie.

27 Ist sein Inhalt Verzweiflung, ist seine Distanz Glück.

28 Die Verzweiflung kennt keine Distanz.

29 Es gibt kein verzweifeltes Kunstwerk.

30 Distanz wird durch den Humor möglich.

31 Der Humor ist die Maske der Weisheit.

32 Maskenlos ist die Weisheit unerbittlich.

33 Der Humor macht das Unerbittliche erträglich.

34 Das unerbittlich Unerträgliche ist nicht weise.

35 Für die Kunst gibt es nur Menschen.

36 Für die Politik gibt es nur die Menschheit.

37 Nur Menschen können glücklich sein.

38 Die Menschheit kann sowenig wie eine Zahl oder eine Gerade glücklich sein.

39 Das Ziel der Politik vermag nur etwas Selbstverständliches, nie das Glück zu sein.

40 Wer in der Politik das Glück sucht, will herrschen.

41 Für den Zustand der Menschheit, wie er selbstverständlich sein sollte, ist eine Wissenschaft denkbar.

42 Eine Ideologie ist keine Wissenschaft.

43 Das Selbstverständliche ist die denkbar vernünftigste Struktur, in welcher die Menschen zusammen leben sollten.

44 Es sind zwei Strukturen wissenschaftlich denkbar: eine, die durch Naturgesetze, und eine andere, die durch Regeln bestimmt wird.

45 Welche der beiden Strukturen die Menschen wählen werden, hängt vom Grade ihrer Rationalität ab. Je irrationaler der Mensch ist, desto mehr neigt er einer naturgesetzlichen Struktur zu.

46 Die Menschen neigen dazu, eine naturgesetzliche Struktur anzunehmen.

47 Die Katastrophen werden immer größer, die Verbrechen immer schrecklicher und die Gesetze immer drakonischer.

48 Bei keinem der beiden Systeme ist das Glück des Menschen garantiert.

49 Wer Ideologien zerstört, zerstört Rechtfertigungen von Gewalt.

50 Gewalt widerlegt nicht Gewalt, sie ersetzt im besten Falle eine Gewalt durch eine andere.

51 Die Politik erlaubt fragwürdige Prognosen.

52 Optimismus und Pessimismus sind fragwürdige Prognosen.

53 Ein Kunstwerk kennt keine fragwürdigen Prognosen.

54 Wo der Mensch mit der Menschheit eins wird: in der einzigen sicheren Prognose: im Tod.

55 Jedes Kunstwerk ist apokalyptisch.

(34/160 ff.)

Liebe

Die Liebe wird zum hoffnungslosen Versuch, sich selbst zu entkommen, sich in einem anderen zu sehen. So hat denn jede Liebesgeschichte, auch die erhabenste, auch die gewöhnlichste, auch die groteskeste, auch die jämmerlichste, etwas Grandioses und Banales zugleich und ist um so trauriger, je banaler sie endet, auch wenn jedermann aufatmet, daß der gute Mann oder die gute Frau oder das gute Mädchen aus ihrer unglücklichen Liebe davongekommen sind: auch wenn die Liebe unglücklich war, war sie eben doch eine Liebe. Der Umstand, daß jede Liebe eine Prüfung vor sich selbst ist, wechselseitig, bei der die Beteiligten durchfallen oder, wenn sie nicht durchfallen, die sie doch nur mit Mühe bestehen, mit Glanz nur die Heiligen, ist nun einmal das Genierlichste und das Beste, was sich vom Menschen sagen läßt: daß der Mensch die Liebe überhaupt wagt, ist sein paradoxer Ruhm. (14/138)

Die Liebe ist ein Wunder, das immer wieder möglich, das Böse eine Tatsache, die immer vorhanden ist. Die Gerechtigkeit verdammt das Böse, die Hoffnung will bessern, und die Liebe übersieht. Nur sie ist imstande, die Gnade anzunehmen, wie sie ist. Es gibt nichts Schwereres, ich weiß es. Die Welt ist schrecklich und sinnlos. Die Hoffnung, ein Sinn sei hinter all dem Unsinn, hinter all diesen Schrecken, vermögen nur jene zu bewahren, die dennoch lieben. (22/149)

Macht

Je mehr sich die Welt der Geschäfte und damit der Bereich ihrer Begriffe zerstört, die kapitalistische Welt also – wogegen ich nicht das geringste habe –, je mehr wir in den Bereich der sozialistischen Sprache geraten, was unvermeidlich erscheint, desto mehr läuft die Welt Gefahr, den Begriffen zu unterliegen, die von der absoluten Macht verwendet werden können. Wir vergessen allzuleicht, daß nicht nur Geld Macht verleiht, sondern auch Begriffe Macht verleihen, daß die absolute Macht das größte Geschäft ist und daß die Macht dann erst absolut ist, wenn sie über ein absolutes Begriffssystem verfügt, über eine absolute Ideologie.
(35/101 f.)

Aus Hitler und Stalin lassen sich keine Wallensteine mehr machen. Ihre Macht ist so riesenhaft, daß sie selber nur noch zufällige, äußere Ausdrucksformen dieser Macht sind, beliebig zu ersetzen, und das Unglück, das man besonders mit dem ersten und ziemlich mit dem zweiten verbindet, ist zu weitverzweigt, zu verworren, zu grausam, zu mechanisch geworden und oft einfach auch allzu sinnlos. Die Macht Wallensteins ist eine noch sichtbare Macht, die heutige Macht ist nur zum kleinsten Teil sichtbar, wie bei einem Eisberg ist der größte Teil im Gesichtslosen, Abstrakten versunken. (30/59)

Malerei

Malen als Porträtieren ist ein Erleben, nicht ein Fotografieren, mehr einem Erinnern vergleichbar als einem Abbilden. Zu den Dokumenten der Apparate über den Menschen brauchen wir die Zeugnisse der Menschen von Menschen. Das Konkrete ist das Primäre, das Abstrakte das Sekundäre. Die Welt ist im Konkreten enthalten, im Abstrakten als Erscheinung eliminiert, aber als Form rekonstruiert. Das Konkrete des Menschen ist seine Individualität, seine Einmaligkeit. Die Trift, in die unser Denken geraten ist, zwangsläufig, liebt das Individuelle nicht. Unsere Zeit ist zur Abstraktion genötigt (wissenschaftlich, ökonomisch, politisch). Sie braucht das Berechenbare, muß endlich zu planen lernen. Das Individuelle ist unberechenbar, störend, aber vorhanden. Die Malerei kann die Tendenz der Zeit wiederholen oder sich ihr widersetzen, aber sie kann ihr nicht entfliehen. Es gibt auch bei ihr kein Zurück zu Mozart. Die Malerei kann abstrakt oder konkret sein, aber nicht mehr romantisch. Sie kann nur noch auf ein Allgemeines, auf Gesetze und Formen zielen oder auf ein Individuelles. Das Individuelle ist nur dann romantisch und damit bürgerlich, wenn es sich als etwas Absolutes setzt und nicht als einen dialektischen Gegenzug begreift, den eine notwendige Konstellation erzwingt. Das Individuelle und damit das Konkrete als Ziel der Malerei ist heute nur noch als eine notwendige Opposition möglich, als Korrektiv zur Tendenz der Zeit, damit diese nicht unmenschlich werde. Das Individuelle, als Idylle oder als Anarchismus verstanden, ist nichts als eine überflüssige Reaktion gegen die Zeit. (32/178 f.)

Mensch

Wir kennen die ersten drei Minuten der Geschichte des Weltalls besser als die ersten drei Millionen Jahre der Geschichte des Menschen. Nur allzu natürlich: Die Menschen, nicht die Gestirne sind unberechenbar.

Als Organisation von Materie betrachtet, ist weder eine Milchstraße noch ein Quasar, weder der Rote Überriese Aldebaran noch der Gelbe Zwerg, den wir unsere Sonne nennen, sondern der Mensch das komplizierteste Gebilde der uns bekannten Welt, sowohl in seinem Aufbau als auch in seinen ineinandergreifenden chemischen Prozessen oder in seinem Reagieren auf äußere Reize: dieses Wesen, zoologisch als homo sapiens schon längst keine Rarität mehr, zusammengesetzt aus einer Unzahl von Riesenmolekülen, die sich zu Zellen verbanden, diese wiederum aufeinander abgestimmt und durchfunktioniert, aus dem genetischen Code einer einzigen Zelle zusammengewachsen, gesteuert von der überaus vertrackten materiellen Struktur seines Gehirns, das sein Bewußtsein, sein Denken, sein logisches Schließen hervorbringt, aber auch sein Unbewußtes, seine Instinkte bestimmt, seine unberechenbaren Emotionen und Aggressionen, ja, seine ungeheuerliche Irrationalität, der gegenüber das Tier gleichsam als rationales Wesen erscheint. Und wenn wir erst die Vielschichtigkeit der Menschheit als Ganzes in Betracht ziehen, diesen Überorganismus eines Überorganismus, der sich immer wieder mörderisch und sinnlos gegen sich selbst wendet, so sind, was wir als geschichtliche Gesetzmäßigkeiten ausgeben, seien sie nun sozial, ökonomisch, psychologisch oder gar irrational, im besten Fall Erklärungsversuche unvollkommener Statistiken und Vermutungen, die nur vage Voraussagen zulassen, im schlimmsten Fall bloß ästhetisch bedingte Kapitelüberschriften eines Abenteuerromans, den wir Weltgeschichte nennen: Nicht weil der Mensch und die Menschheit ›an sich‹ irrational wären, sondern weil sie ›an sich‹ nicht deutbar sind. Derselbe Sokrates, der, wie der Delphische Apoll, forderte, man solle sich selbst erkennen, gab zu, nur zu wissen, daß er nichts wisse. (28/58 f.)

Der Mensch ist keine Rechnung, die aufgeht, keine Formel, die sich niederschreiben ließe, er ist ein

Geheimnis, und weil er als Geheimnis angelegt ist, sind wir genötigt, so zu tun, als ob der Mensch darstellbar wäre. Wir spielen auf der Bühne aus einem Mangel heraus, wir sind zur Fiktion gezwungen, auf diesem Zwang ruht unser Theater, jedes Theater, unsere Kultur, jede Kultur, ja, sehen wir genauer, unsere Gesellschaft, jede Gesellschaft. Die Wahrheit läßt sich nicht spielen, wir können nur wahr spielen, so wie wir ja auch nicht richtig zu handeln vermögen, sondern nur aufrichtig, fair: Daß wir diese Selbstverständlichkeiten unterlassen, macht die Bühne, die Welt immer wieder zur Schmiere. (30/122)

Moral

Wir machen alle mit, auch der Schreibende, ob wir nun mit der Welt zufrieden sind, in der wir stecken, oder gegen sie protestieren, Pläne entwerfen, sie zu ändern, uns engagieren, politischen Parteien beitreten oder gar welche gründen, die sie ändern wollen, usw. Wir machen mit, weil wir *sind,* verstrickt nicht nur durch unzählige gesellschaftliche, kulturelle, politische und wirtschaftliche Fäden mit der Welt als Ganzem, sondern auch als Angehörige eines Staates, den wir als Ganzes nicht zu überblicken vermögen, als Teile eines Volkes, das uns nach außen prägt, ob wir wollen oder nicht, auch als Glieder einer Gemeinde, die in anderen Gemeinden aufgeht, oder als Angestellte irgendeiner Firma, die ihrerseits wieder mit anderen Firmen verquickt ist: das Knäuel ist unentwirrbar, nur Theorien über das Durcheinander der Fäden existieren, eine Handvoll Fakten, das meiste ist nur vage zu vermuten. Wir machen unfreiwillig mit, sei es auch unter Protest, treiben im Strom der Zeit dahin.

Mitmachen muß nicht von vornherein negativ sein. Wir unterscheiden: Wir machen mit, weil wir von der Notwendigkeit dessen überzeugt sind, bei dem wir mitmachen = ein moralisch positives Mitmachen. Wir machen mit, obgleich wir von der Notwendigkeit dessen nicht überzeugt sind, bei dem wir mitmachen = ein moralisch negatives Mitmachen. Ist der positive Mitmacher engagiert von der Sache her, bei der er mitmacht, so ist der negative Mitmacher nicht engagiert, obgleich er mitmacht, sein Mitmachen ist ein Mitgehen, ein Nachgeben, ist eine Schwäche, ein Mangel an moralischer Position. Ist der positive Mitmacher aktiv, so der negative Mitmacher passiv. Ist es beim positiven Mitmacher entscheidend, daß er die Sache, bei der er mitmacht, als etwas Notwendiges erkennt, als etwas Gutes (weshalb es denn gleichgültig ist, ob diese Sache ›an sich‹ auch notwendig sei oder nicht, gut oder schlecht, das Werturteil über sein Mitmachen liegt nur im Glauben an seine Erkenntnis, ob er diesen habe oder nicht, und nicht daran, ob seine Erkenntnis ›an sich‹ richtig sei oder nicht – es gibt auch getäuschte positive Mitmacher), so spielt die Erkenntnis oder das Verkennen der Sache, bei der einer mitmacht, beim negativen Mitmacher keine Rolle: er macht nicht der Sache, sondern sich zuliebe mit. Das negative

Mitmachen ist ein Sich-nicht-Kümmern um die Erkenntnis (die auf die Sache gerichtet ist, bei der man mitmacht), auch ein Nichtverwirklichen der Erkenntnis, ein nicht nach der Erkenntnis Handeln, ein Handeln wider die Erkenntnis, daß die Sache, bei der man mitmacht, nicht nur nicht notwendig, sondern sogar schlecht ist. Endlich ein In-den-Wind-Schlagen des Glaubens, insofern es ohne Glauben an die Erkenntnis kein Aneignen der Erkenntnis gibt (weil es keine nackte Erkenntnis gibt). Natürlich gibt es auch ein negatives Mitmachen aus Bequemlichkeit: so einer macht mit, ohne zu denken, weil die Sache, bei der er mitmacht, gerade Mode ist usw. Aber der eigentlich negative Mitmacher in seiner bedenklichsten Form ist der Intellektuelle, der trotzdem mitmacht. Dieser Intellektuelle braucht durchaus kein ›Fachidiot‹ zu sein (was ihn noch entschuldigen würde); entscheidend ist, daß ihm das moralische Sensorium fehlt. Dieser Mangel ist das eigentlich Nihilistische an ihm; daß einer entgegen seiner Erkenntnis handelt oder nicht handelt, ist für jene unverständlich, die der Meinung sind, auf die Erkenntnis des Notwendigen folge auch seine Verwirklichung. Wäre das so, wäre die Welt anders, Moral, wagt man überhaupt dieses Wort noch zu gebrauchen, nicht klischeehaft, als ein sinnloses Vollziehen angeblicher Gesetze – die keine sind, werden sie als Gesetze genommen und nicht als Einsichten –, Moral ist nicht schon die Erkenntnis des Notwendigen. Moral ist das Verwirklichen dieser Erkenntnis. (14/105 ff.)

Nationen

Das Schicksal der Menschen wird davon abhängen, ob sich die Politik endlich bequemt, das Leben eines jeden heilig zu nehmen, oder ob die Hure weiterhin für jene auf die Straße geht, denen nichts heilig ist. Die Dame muß sich entscheiden. Was die Staatsmänner, auf die es heute ankommt, mit ihr treiben, ist ein Hohn, welcher der Vernunft die Schamröte ins Gesicht treibt und der alle jene in ständige Furcht versetzt, auf die es nie ankommt: Auf die übrigen Milliarden, die diesen Planeten bewohnen. Die sture Ungerechtigkeit der Politik, mit der sie sich über jeden Einzelnen hinwegsetzt, indem sie nach der ewigen Weise der Dummköpfe nur als wirklich ansieht, was eine Abstraktion ist, die Nationen nämlich, denen sie alle jene Beweggründe in die Schuhe schiebt, die der Einzelne nie hat, verhindert endlich, ihr gegenüber immer noch nachsichtig zu sein und mit Engelszungen zu reden. Es gilt jetzt vor allem, von dem nichts zu verstehen und nichts zu begreifen, was sich da abspielt; der Unsinn der heutigen Politik ist allzu deutlich. Die Art, wie man auf beiden Seiten mit einem dritten Weltkrieg spielt, läßt sich, da ein Krieg nicht nur ein wahnwitziges Verbrechen ist, sondern auch eine ebenso große Dummheit, mit nichts mehr entschuldigen. (34/15)

Sätze über die Schweiz

Mich warf der Zweite Weltkrieg auf mich selber zurück: ins Gefängnis meiner selbst. In das Gefühl, aus der Welt gesperrt zu sein. Politisch hielt ich mich nie von der Armee beschützt. Die Schweiz war von der Weltgeschichte vergessen worden, das war alles. Die Schweiz kam mir absurd vor. Ich erinnere mich, daß ich einmal an einem Aufsatz herumschrieb, *Vom Ende der Schweiz*. Ich vermag es mir gut vorzustellen. Die Schweiz, die sich in Europa einfach auflöst. Nicht durch einen Krieg, sondern durch die Wirtschaft, weil sie nicht mehr rentiert. Weil es zu viele Nachteile mit sich bringt, Schweizer zu sein. Aber ich leide nicht darunter, Schweizer zu sein. (29/75)

Vom Verhältnis der Schweiz zur Bundesrepublik ist nur dialektisch zu reden. Der eine Nachbar ist ein Resultat des Davonkommens, der andere eines des Zusammenbruchs; der eine richtete sich ein, der andere wurde eingerichtet; bei beiden ist viel schlechtes Gewissen im Spiel, kommen sie aufeinander zu reden. Der eine wirft dem anderen vor, ein Held, der andere dem anderen, keiner gewesen zu sein; der eine bildet sich nachträglich ein, doch einer gewesen zu sein, indem der andere es nur nicht gewagt hätte, ihn anzugreifen; der andere beklagt sich über den anderen, Geschäfte gemacht statt gelitten zu haben. Zugegeben, das sind Nuancen des intimeren Zusammenlebens, mitteleuropäische Bettgespräche. (34/127)

Der schweizerische Honorarkonsul führte uns auf langen Fahrten mit seinem Wagen kreuz und quer durch Puerto Rico. Die Insel ist hügelig. Da der Honorarkonsul und ich Emmentaler sind, kam uns die Landschaft wie ein etwas tropisch verfremdetes Emmental vor. Wir waren beide stolz. Nicht auf Puerto Rico, sondern auf das Emmental. (34/95)

Nun ist es gar nicht so leicht, wie man glaubt, Schweizer zu sein, die Position ist zwar eine Ausnahme-Position und steht als Paß hoch im Kurs, aber gleichzeitig kommt dieser Position etwas wenn nicht Genierliches, so doch Komisches zu, und es braucht vor allem eine Tugend, die wir meistens nicht besitzen, nämlich Selbsthumor, um diese Position unbeschadet zu überstehen. (32/116)

Die Größe Gotthelfs besteht darin, daß er nicht korrigierte, nichts zurücknahm. So sind auch die Methoden, die Schreibtechniken, individuell. Einige konzipieren sorgfältig, andere flüchtig, wieder andere überhaupt nicht. Doch muß die Sprache einleuchten; ihre Evidenz ist das Entscheidende, wird es für einen Schweizer oft schwierig zu schreiben: Er traut der Evidenz seiner Sprache nicht, er verfällt zu leicht dem Vorurteil, seine Schreibsprache sei von seiner ›Sprechsprache‹ beeinflußt, vom Schweizerdeutschen, das er redet. Er hält die Sprache, die er zu schreiben versucht, für etwas Objektives, Erlernbares, der Schule, dem Duden Unterstehendes, er wagt seine Sprache nicht, die Sprache wird damit für ihn das, was sie nicht sein sollte, nicht ein Ausdruck seines Charakters, seiner Denkkraft, seiner Freiheit endlich, sondern ein Ergebnis seiner Dressur und seiner Unfreiheit, die im kulturellen Minderwertigkeitsgefühl wurzelt, das ihm, ohne daß er es zugibt, als Schweizer, als Nichtdeutscher, als Kleinstaatler allzuleicht anhaftet. Seine Sprache wird unbeholfen oder gekünstelt, papieren oder schöngeistig, goethisch oder virtuos, indem er gekonnt gleich alle Stile nachahmt, oder was auch immer, er verdrängt die Spannung zwischen seiner Mundart und der Schriftsprache, statt sie auszunutzen, statt die Sprache, die er schreibt, durch die Evidenz zu bereichern, die er unmittelbar empfindet, weil sie seinem Mittelhochdeutsch entstammt. Diesem Irrtum war auch ich verfallen, es brauchte Jahre, ihn zu überwinden. (29/163 f.)

Platon erzählt gegen Ende seiner *Politeia,* daß nach dem Tode die Seele eines jeden das Los zu einem neuen Leben wählen müsse: »Zufällig aber habe die Seele des Odysseus das allerletzte Los erhalten und sei nun herangetreten, um zu wählen. Da sie aber in Erinnerung an ihre früheren Mühsale allen Ehrgeiz aufgegeben hatte, sei sie lange Zeit herumgegangen und habe das Leben eines zurückgezogenen, geruhsamen Mannes gesucht und gerade noch irgendwo eines gefunden, das die anderen unbeachtet hatten liegen lassen. Und als sie dies entdeckt hatte, habe sie gesagt, sie würde ebenso gehandelt haben, wenn sie das erste Los bekommen hätte, und habe es mit Freude gewählt.« Ich bin sicher, Odysseus wählte das Los, ein Schweizer zu sein. (36/187 f.)

Schreiben

Unterhaltungsliteratur

Daß der Mensch unterhalten sein will, ist noch immer für den Menschen der stärkste Antrieb, sich mit den Produkten der Schriftstellerei zu beschäftigen. Indem sie den menschlichen Unterhaltungstrieb einkalkulieren, schreiben gerade große Schriftsteller oft amüsant, sie verstehen ihr Geschäft. (32/59)

Geschichten erzählen

Gibt es noch mögliche Geschichten, Geschichten für Schriftsteller? Will einer nicht von sich erzählen, romantisch, lyrisch sein Ich verallgemeinern, fühlt er keinen Zwang, von seinen Hoffnungen und Niederlagen zu reden, durchaus wahrhaftig, und von seiner Weise, bei Frauen zu liegen, wie wenn Wahrhaftigkeit dies alles ins Allgemeine transponieren würde und nicht viel mehr ins Medizinische, Psychologische bestenfalls, will einer dies nicht tun, vielmehr diskret zurücktreten, das Private höflich wahren, den Stoff vor sich wie ein Bildhauer sein Material, an ihm arbeitend und an ihm sich entwickelnd und als eine Art Klassiker versuchen, nicht gleich zu verzweifeln, wenn auch der bare Unsinn kaum zu leugnen ist, der überall zum Vorschein kommt, dann wird Schreiben schwieriger und einsamer, auch sinnloser, eine gute Note in der Literaturgeschichte interessiert nicht – wer bekam nicht schon gute Noten, welche Stümpereien wurden nicht schon ausgezeichnet –, die Forderungen des Tags sind wichtiger. (21/37)

Stoffe

Wie formt der Schriftsteller die Welt, wie gibt er ihr ein Gesicht? Indem er entschieden etwas anderes betreibt als eine Philosophie, die vielleicht nicht mehr möglich ist. Indem er entschieden den Tiefsinn fahren läßt, indem er die Welt als Materie verwendet. Sie ist der Steinbruch, aus dem der Schriftsteller die Blöcke zu seinem Gebäude schneiden soll. Was der Schriftsteller treibt, ist nicht ein Abbilden der Welt, sondern ein Neuschöpfen, ein Aufstellen von Eigenwelten, die dadurch, daß die Materialien zu ihrem Bau in der Gegenwart liegen, ein Bild der Welt geben. Was ist nun eine Eigenwelt? Das extremste Beispiel: *Gullivers Reisen.* Alles in diesem ist erfunden, es ist gleichsam eine Welt neuer Dimensionen erstellt worden. Doch durch die innere, immanente Logik wird alles wieder zu einem Bilde unserer Welt. Eine logische Eigenwelt kann gar nicht aus unserer Welt fallen. Das ist ein Geheimnis: die Übereinstimmung der Kunst mit der Welt. Wir haben allein am Stoffe zu arbeiten. Das genügt. Stimmt der Stoff, wird auch das Werk stimmen. Hat dies der Schriftsteller begriffen, wird er sich auch vom Privaten abwenden, die Möglichkeit einer neuen Objektivität, einer neuen Klassik, wenn Sie wollen, eine Überwindung der Romantik wird sich ihm auftun. (32/67 f.)

Der Standpunkt des Schriftstellers

Man kann heute die Welt nur noch von Punkten aus beobachten, die hinter dem Mond liegen, zum Sehen gehört Distanz, und wie wollen die Leute denn sehen, wenn ihnen die Bilder, die sie beschreiben wollen, die Augen verkleben? Der Einwand wird aufgeworfen, es sei unerlaubt, das zu schildern, was man nicht selber erlebt habe, als ob Leiden eine Art Monopol zum Dichten schüfe, aber war Dante in der Hölle? Darum müssen Sie sich jetzt auch einen Schriftsteller wie mich gefallen lassen, der nicht von dem redet, was er mit den Augen, sondern von dem, was er mit dem Geiste gesehen hat, der nicht von dem redet, was einem gefällt, sondern von dem, was einen bedroht. Ich bin ein Protestant und protestiere. Ich zweifle nicht, aber ich stelle die Verzweiflung dar. Ich bin verschont geblieben, aber ich beschreibe den Untergang; denn ich schreibe nicht, damit Sie auf mich schließen, sondern damit Sie auf die Welt schließen. Ich bin da, um zu warnen. Die Schiffer, meine Damen und Herren, sollen den Lotsen nicht mißachten. Er kennt zwar die Kunst des Steuerns nicht und kann die Schiffahrt nicht finanzieren, aber er kennt die Untiefen und die Strömungen. Noch *ist* das offene Meer, aber einmal werden die Klippen kommen, dann werden die Lotsen zu brauchen sein.

(32/32)

Wie schreiben?

Die Forderungen, welche die Ästhetik an den Künstler stellt, steigern sich von Tag zu Tag, alles ist nur noch auf das Vollkommene aus, die Perfektion wird von ihm verlangt, die man in die Klassiker hineininterpretiert – ein vermeintlicher Rückschritt, und schon läßt man ihn fallen. So wird ein Klima erzeugt, in welchem sich nur noch Literatur studieren, aber nicht mehr machen läßt.

Wie besteht der Künstler in einer Welt der Bildung, der Alphabeten? Eine Frage, die mich bedrückt, auf die ich noch keine Antwort weiß. Vielleicht am besten, indem er Kriminalromane schreibt, Kunst da tut, wo sie niemand vermutet. Die Literatur muß so leicht werden, daß sie auf der Waage der heutigen Literaturkritik nichts mehr wiegt: Nur so wird sie wieder gewichtig. (32/71 f.)

Schuld

Die Tragödie setzt Schuld, Not, Maß, Übersicht, Verantwortung voraus. In der Wurstelei unseres Jahrhunderts, in diesem Kehraus der weißen Rasse, gibt es keine Schuldigen und auch keine Verantwortlichen mehr. Alle können nichts dafür und haben es nicht gewollt. Es geht wirklich ohne jeden. Alles wird mitgerissen und bleibt in irgendeinem Rechen hängen. Wir sind zu kollektiv schuldig, zu kollektiv gebettet in die Sünden unserer Väter und Vorväter. Wir sind nur noch Kindeskinder. Das ist unser Pech, nicht unsere Schuld: Schuld gibt es nur noch als persönliche Leistung, als religiöse Tat. Uns kommt nur noch die Komödie bei. (32/62)

Schule

Das Kindergefängnis, das wir Schule nennen, angeblich eingerichtet, um den Kindern jene Bildung beizubringen, die sie nach der Einbildung der Erwachsenen haben sollten, um durch das Leben zu kommen, brachte, unterstützt von den Eltern und den Lehrern, auch mich nach und nach zur Strecke: Ich begann zu lesen. Was nicht selbstverständlich war. (28/39)

Sprache

Der Schriftsteller verspürt, daß wir heute auf eine Wirklichkeit gestoßen sind, die jenseits der Sprache liegt, und dies nicht auf dem Wege der Mystik, sondern auf dem Wege der Wissenschaft. Er sieht die Sprache begrenzt, doch macht er bei dieser Feststellung oft einen logischen Fehler. Er sieht nicht, daß die Begrenzung etwas Natürliches ist – weil die Sprache nun einmal mit dem Bilde verhaftet sein muß, will sie Sprache bleiben –, sondern er versucht, sie über ihre Begrenzung zu erweitern oder sie gleichsam aufzulösen. Nun ist die Sprache etwas Unexaktes. Exaktheit bekommt sie nur durch den Inhalt, durch den präzisen Inhalt. Die Exaktheit, der Stil der Sprache wird durch den Grad der immanenten Logik ihres Inhalts bestimmt. Man kann nicht an der Sprache arbeiten, sondern nur am Gedanken, am Gedanken arbeitet man durch die Sprache.

Der heutige Schriftsteller arbeitet oft an der Sprache. Er differenziert sie. Dadurch wird es im

Grunde gleichgültig, was er schreibt. So schreibt er denn auch meistens über sich selber. (32/66 f.)

Staat

Der Mensch ist offenbar ein Pechvogel, nicht weil er nicht fliegen könnte – das kann er ja inzwischen –, sondern weil er immer wieder vom Himmel verführt wird, mehr als ein Mensch sein zu wollen: etwas Absolutes. Kaum hatte zum Beispiel die römische Republik die alte Welt geordnet, verwandelte sie sich in ein Imperium und den Kaiser in einen Gott; die Menschen lassen sich zwar von Menschen regieren, aber wollen diese Menschen als Götter sehen. Das ist die erste Verführung des Menschen durch den Himmel.

Die zweite Verführung durch den Himmel ist ungleich delikater: Daß der römische Kaiser ein Gott sei, glaubte wahrscheinlich nicht einmal ein römischer Kaiser. Es war mehr eine juristische Notlösung, das Imperium irgendwie im Himmel zu verankern. Erst das Genie Konstantin der Große kam auf die Idee, es sei einleuchtender, Gottes Stellvertreter zu sein als Gott selber: Ein Gott, der Blut vergießt, muß sich vor den Menschen rechtfertigen, vergießt man Blut im Namen Gottes, kann man sich mit Gott rechtfertigen. Man war auf die Verwendbarkeit des Himmels als Staatsideologie gekommen. Womit nichts gegen das Christentum gesagt sein soll, sondern alles gegen den christlichen Staat. Der hat mir nun doch zu schmutzige Finger. (33/26 f.)

Theater

Doch am liebsten sind mir die nichtsnutzigen Komödien
Meine Theatergruppe ist die beste und teuerste im Heiligen Römischen Reiche Deutscher Nation
Das Possenspiel unseres Lebens
Das mühsame Herumstolpern auf der Flucht vor der Wahrheit und auf der Suche nach ihr
Wird auf den Brettern leicht, ein Tanz, ein Gelächter, ein wohliger Schauer
Mitspieler in Wirklichkeit, verstrickt in Schuld, Mitwisser von Verbrechen
Brauchen wir die Täuschung loser Stunden, Zuschauer nur zu sein. (10/23)

Urkomödie

Auf einem dieser Schlendergänge ereignete sich etwas Lächerliches, nicht der Rede wert, eine Clownszene, die ich bloß nicht vergessen habe, weil ich selbst der Clown war, und weil kein stärkerer Eindruck bleibt als der, selbst etwas Lächerliches gewesen zu sein: Ich hatte auf der Universität zu tun, an einem Nachmittag im Spätherbst. Auf der Terrasse vor dem Casino sind in mehreren Reihen Platanen gepflanzt, ein Gärtner war beschäftigt, die Äste zurückzustutzen, er stand auf einer Leiter unmittelbar am Rande der Terrasse gegen das Trottoir, ich betrachtete ihn, als ich an ihm vorbeiging, und er betrachtete mich, ich glitt aus, ein Hundedreck lag auf der Straße, ich saß auf dem Hintern, glücklicherweise unbeschmutzt, ich erhob mich, als ob nichts geschehen wäre, der Gärtner verzog keine Miene, sah mir einfach zu, ich ging zur Universität, kam nach anderthalb Stunden zurück, wieder stand der Gärtner auf seiner Leiter, bloß an einem anderen ersten Baum einer anderen Reihe, wieder betrachtete ich ihn, wieder betrachtete er mich, wieder glitt ich aus, wieder auf dem gleichen Hundedreck, wieder ohne mich zu beschmutzen, wieder erhob ich mich, als ob nichts geschehen wäre, wieder verzog der Gärtner keine Miene, sah mir einfach zu, doch vergesse ich seinen Blick nicht mehr: Es lag ein unendliches Erstaunen darin, die überwältigende Erkenntnis, einem überirdischen Trottel begegnet zu sein, derart, daß es dem Gärtner die Sprache verschlug und nicht nur die Sprache, auch das Lachen, ja auch das Lächeln oder einen Ansatz dazu. Dem Mann auf der Leiter war der Mensch in seiner Lächerlichkeit an sich erschienen, als die Urkomödie, er hatte an mir, an meinem zweimaligen Hinfallen, an dieser Wiederholung des Lächerlichen etwas Metaphysisches erlebt, stellte ich mir blitzschnell vor, damals in diesen ersten Sekunden, stelle ich mir heute noch vor, gerade weil diese Wiederholung unfreiwillig geschah und nicht auf dem Kunstkniff eines Clowns beruhte, auf dem dramaturgischen Trick, das Komische mehrfach zu wiederholen. Indem ich dem Gärtner als das erschien, was ich war, erschien ich mir selber. Vielleicht wurde ich deshalb Komödienschreiber. Lappalien entscheiden, lächerliche Vorfälle bestimmen das Leben oft mehr als scheinbar wichtigere, ja tragischere. (29/115 ff.)

Bühne und Wirklichkeit

Die Dramatik ist ein Versuch, mit immer neuen Modellen eine Welt zu gestalten, die immer neue Modelle herausfordert. (32/102)

Toleranz

Eine jede Konzeption hat ihre eigene Wahrheit, und eine jede Konzeption hat ihre Berechtigung innerhalb aller Konzeptionen, eine Überlegung, die, so selbstverständlich sie auch ist, uns mehr stört, als wir zugeben. Denn im Bereich des Denkens wollen wir recht haben, gerade hier; den Kampf verdrängen wir allzuleicht aus der Welt der ›Wirklichkeit‹ in die Welt der ›Gedanken‹. Die geistige Toleranz ist noch problematischer als der politische Friede, dessen Voraussetzung sie ist: sie kann nicht bedeuten, daß jede Konzeption gleich wahr ist, gibt es doch Konzeptionen, die nur einen Sinn haben, wenn jener, der sie konzipiert, sie auch als ›wahr‹ annimmt, während sich bei anderen Konzeptionen diese Frage nicht stellt. Die Toleranz kann in nichts anderem als in der Achtung vor den anderen Konzeptionen liegen, auch wenn man sie nicht teilt, ja als Irrtum ablehnt; die Toleranz ist nicht eine schöngeistige, sondern eine existentielle Forderung, die jeder zuerst an sich selbst stellen muß, will er sie an andere stellen; der Kampf mit uns selbst geht dem Kampf um den Frieden voraus. Es gibt Erkenntnisse, die deshalb spät kommen, weil sie Erlebnisse voraussetzen, denen wir im Erleben nicht gewachsen sind. (35/144 f.)

Universität

Die Universität sollte nicht der Ort sein, wo Wissen gehortet, sondern der Ort, wo Wissen begriffen wird; Wissen aber, das begriffen wird, läßt sich auch erweitern, und indem es sich erweitert, stellt es dem Begreifen wieder neue Aufgaben. Jedes Wissen aber, das begriffen wird, stellt eine Schöpfung dar dessen, der da begreift und, bei aller Hochachtung der Traditionen, der Überlieferungen, der Konventionen, insofern primäre Kultur im Gegensatz zur sekundären nicht ein Besitz ist – und sei er auch ein solcher nur im Wissen, wie man vielleicht etwas machen könnte, ein Gedicht etwa, eine Sonate, ein Bild, eine philosophische Überlegung usw., und welches man nur nicht macht, weil man es nicht zu machen vermag; ein Wissen also, das ich nicht *gering*schätze, aber als etwas Nachträgliches auch nicht *über*schätze –, sondern, insofern Primärkultur vorerst etwas anderes ist, nicht ein Besitz, vielmehr ein Besitzergreifen, nicht ein Wissen, aber ein Wagen, nicht ein Nachträgliches, hingegen ein Vorangehendes, ein Begreifen durch das Machen eines Gedichtes, einer Sonate, eines Bildes, einer philosophischen Überlegung usw., ohne die Sicherheit des Gelingens, ja ohne vorheriges Wissen des Resultats; ist es so, dann wäre nicht im Wissen, sondern in der Methode des Begreifens eine Universität, die Begreifen lehrt, in die Kultur integriert, wie ich sie begreife, sei sie nun künstlerisch oder wissenschaftlich irgendwelcher Art, ja sogar geisteswissenschaftlich, in eine Kultur des Experiments, der Überprüfung des Wissens, der Kritik, der Denkmodelle, der Antiideologien, der fiktiven Netze, ausgeworfen, Vermutetes und Unvermutetes zu fangen, verbunden mit dem Instinkt freilich für die ganze Fragwürdigkeit einer auch so begriffenen Kultur, denn was immer für den Menschen eine Chance ist, vermag sein Unglück zu werden, nichts sichert die Menschheit ab.

Gewiß, eine Universität unter diesen Voraussetzungen liegt nicht durchaus im Interesse unserer Leistungsgesellschaft, Wissen läßt sich büffeln, Begreifen braucht Zeit, und wer der Jugend Zeit stiehlt, läßt sie nicht reifen, fleißig kann jeder sein, aber zur Produktivität braucht es eine gewisse Faulheit, ohne die sich die Gelehrten nicht zu sammeln vermögen, sie kommen allzu schnell als Frühgeburten zur Welt. (34/157 f.)

Was ich den fünf Jahren verdanke, die ich auf der Universität verbrachte, ist jener Schlendrian, der mich zum Schriftsteller machte, indem ich Muße hatte, Bücher wirklich zu lesen und mich bisweilen über sie zu ärgern, statt sie besprochen zu hören. Auch setzt jedes Begreifenwollen und Begreifensuchen jene Neugierde voraus, die auch vor dem Politischen nicht haltmacht, will man doch die Welt nicht stückweise begreifen, sondern als Ganzes. Eine entpolitisierte Universität ist ein Unding. Doch sollte sich gerade ihre Politik durch ein Durchdenken der Politik auszeichnen und nicht durch Hereinfallen ins Dogmatisch-Kultische, denn wer den Kopf brauchen will, darf ihn nicht verlieren.

(34/158)

Unrecht

Ich bin mit Sokrates der Meinung, die Größe eines Menschen liege darin, das Unrecht, das ihm widerfährt, ertragen zu können, es braucht jedoch soviel Größe dazu, daß ich es für meine persönliche Pflicht halte, alles zu versuchen, was einen Menschen hindert, in die Lage zu kommen, die Größe aufzubringen, ein solches Unrecht ertragen zu müssen. (33/95)

Welt

Die Welt kausal bestimmt, die Welt das Weltgericht, wer zweifelt an der Erhabenheit dieser Vision? Gibt es eine andere, die dieser gewachsen wäre? Vor der Welt als Paradies schrecken wir zurück, wir sehen eine Welt voller Schafe, satt, eine Herde, die weidet, äst, die kein anderes Interesse mehr zeigt; wir sehen uns selbst nicht in dieser Welt.

Wir malen uns eine lächerliche Welt aus, denken wir an den ewigen Frieden, eine vollkommene Wohlstandsgenossenschaft, weil wir ebensowenig aus dem Freund-Feind-Denken zu treten vermögen wie aus der Subjekt-Objekt-Beziehung.

(35/148)

Weltuntergang

Zum Schluß droht immer noch der Untergang der Menschheit. Nicht mehr eine bloße Hypothese, technisch ist er möglich geworden. Für uns die schlimmste Wendung, aber für das Leben und für diesen Planeten die vielleicht beste. Wir haben vielleicht doch zu viele Chancen vertan, um den Ablauf der Geschichte noch zum Vernünftigen hin zu wenden. Die Saurier mußten nach sechzig Millionen Jahren Herrschaft abtreten, die zwei Millionen Jahre, die seit dem ersten Auftreten unserer Gattung vergangen sind, reichen möglicherweise schon. Ein kurzes Intermezzo, nicht einmal das: wir sprachen auf der Welt vor und fielen durch.

Doch wohin wir auch treiben, an ein Ufer, das uns rettet, oder dem Katarakt zu, der uns zerschmettert, so oder so, nach dem Ablauf aller Geschichte, dem natürlichen oder dem unnatürlichen, der Mensch wird etwas Einmaliges, Ungeheures und Wunderbares gewesen sein. (33/123 f.)

Die Zeit ist in eine Wirklichkeit getaucht, die sie mit Blindheit schlägt, denn die Distanz, die zwischen dem heiligen Seher und dem Bilde war, ist dahingeschwunden, und mit diesem unendlichen Verlust, nicht nur an Schönheit, sondern auch an Welt, die Möglichkeit, die Apokalypse ohne jene Verzerrung zu sehen, die sie heute durch die Gegenwart bekommt: die immer düsterer aufsteigenden Wolken der Katastrophen verbergen die Strahlen der Gnade, die immer noch nicht von uns genommen ist. Die wilden Bilder eines Dürer und eines Bosch sind Wirklichkeit geworden, die Wandteppiche von Angers ein verlorenes Paradies, in welchem dem Glauben, der Berge versetzt, möglich war, was uns jetzt, da wir es erleben, wie Hohn erscheint: die Welt auch noch im Untergang in jener Herrlichkeit zu sehen, in der sie erschaffen wurde, Anfang und Ende eine makellose Einheit, das Zusammenstürzen der Städte wie ein Spiel weißer Blüten im Wind, der Tod ein müheloses Hinübergleiten, blumenhaft selbst die Tiere des Bösen, eingehüllt alles in die Lichtfülle des Gottes, dem die Welt nur ein Schemel seiner Füße ist und dessen Kinder wir sind. (32/150)

Zukunft

Die Zukunft der Menschheit liegt im Ungewissen, wir können immer noch den Augenblick festhalten. Der Friede wird hart sein, sei es nun der nach einem sinnlosen Krieg oder jener ohne diesen Umweg, denn Friede bedeutet Alltag, und das Alltägliche, das Gewöhnliche, das Langweilige wird immer mehr zunehmen. Unsere Intensität wird entscheiden, ob sich die Güter dieser Erde in unseren Händen zu Gold oder zu Staub verwandeln. Die Abenteuer der alten Art wird sich die Menschheit immer weniger leisten können, von den Fahrten auf den Mond wird sie enttäuscht heimkehren, es gilt die neuen Abenteuer zu finden, es sind dies jene des Geistes. Die Politik wird im günstigsten Falle sozial gesicherte Räume errichten, sie zu erhellen wird die Sache des Einzelnen sein, sonst wird die Erde zu einem Gefängnis.

Eine Organisation muß schematisieren, allein der Einzelne ist imstande, einen Iwan wichtiger als die Sowjetunion zu nehmen und so die wahre

Größenordnung wieder herzustellen. Von der Politik haben wir Vernunft, von den Einzelnen Liebe zu fordern. Es ist Sache der Politik, dafür zu sorgen, daß aus der Chance Einzelner die Chance der Einzelnen wird. (34/18 f.)

Nachweis

Die Texte stammen aus der *Werkausgabe in 37 Bänden*, Zürich 1998. Die erste Zahl in der Klammer am Schluß jedes Textes bezeichnet den entsprechenden Band, die zweite die Seite.

Die Werkausgabe umfaßt folgende Bände:

1 *Es steht geschrieben/Der Blinde*
2 *Romulus der Große*
3 *Die Ehe des Herrn Mississippi*
4 *Ein Engel kommt nach Babylon*
5 *Der Besuch der alten Dame*
6 *Frank der Fünfte*
7 *Die Physiker*
8 *Herkules und der Stall des Augias/Der Prozeß um des Esels Schatten*
9 *Der Meteor/Dichterdämmerung*
10 *Die Wiedertäufer*
11 *König Johann/Titus Andronicus*
12 *Play Strindberg/Porträt eines Planeten*
13 *Urfaust/Woyzeck*
14 *Der Mitmacher – Ein Komplex*
15 *Die Frist*
16 *Die Panne*

Friedrich Dürrenmatt im Diogenes Verlag

Werkausgabe in 37 Bänden mit einem Registerband

Jeder Band enthält einen Nachweis zur Publikations- und gegebenenfalls Aufführungsgeschichte sowie zur Textgrundlage

● Das dramatische Werk

Es steht geschrieben / Der Blinde
Frühe Stücke

Romulus der Große
Eine ungeschichtliche historische Komödie in vier Akten. Neufassung 1980

Die Ehe des Herrn Mississippi
Eine Komödie in zwei Teilen (Neufassung 1980) und ein Drehbuch

Ein Engel kommt nach Babylon
Eine fragmentarische Komödie in drei Akten. Neufassung 1980

Der Besuch der alten Dame
Eine tragische Komödie. Neufassung 1980

Frank der Fünfte
Komödie einer Privatbank. Neufassung 1980

Die Physiker
Eine Komödie in zwei Akten. Neufassung 1980

Herkules und der Stall des Augias / Der Prozeß um des Esels Schatten
Griechische Stücke. Neufassung 1980

Der Meteor / Dichterdämmerung
Zwei Nobelpreisträgerstücke. Neufassungen 1978 und 1980

Die Wiedertäufer
Eine Komödie in zwei Teilen. Urfassung

König Johann / Titus Andronicus
Shakespeare-Umarbeitungen

Play Strindberg / Porträt eines Planeten
Übungsstücke für Schauspieler

Urfaust / Woyzeck
Zwei Bearbeitungen

Der Mitmacher
Ein Komplex. Text der Komödie (Neufassung 1980), Dramaturgie, Erfahrungen, Berichte, Erzählungen. Mit Personen- und Werkregister

Die Frist
Eine Komödie. Neufassung 1980

Die Panne
Ein Hörspiel und eine Komödie

Nächtliches Gespräch mit einem verachteten Menschen / Stranitzky und der Nationalheld / Das Unternehmen der Wega
Hörspiele und Kabarett

Achterloo
Achterloo I / Rollenspiele (Charlotte Kerr: ›Protokoll einer fiktiven Inszenierung‹; Friedrich Dürrenmatt: ›Achterloo III‹) / Achterloo IV / Abschied vom Theater
Mit Personen- und Werkregister

● Das Prosawerk

Aus den Papieren eines Wärters
Frühe Prosa

Der Richter und sein Henker / Der Verdacht
Die zwei Kriminalromane um Kommissär Bärlach

Der Hund / Der Tunnel / Die Panne
Erzählungen

Grieche sucht Griechin / Mister X macht Ferien / Nachrichten über den Stand des Zeitungswesens in der Steinzeit
Grotesken

Das Versprechen
Requiem auf den Kriminalroman /
Aufenthalt in einer kleinen Stadt
Fragment

Der Sturz / Abu Chanifa und Anan ben David / Smithy / Das Sterben der Pythia
Erzählungen

Justiz
Roman

Minotaurus / Der Auftrag oder Vom Beobachten des Beobachters der Beobachter / Midas oder Die schwarze Leinwand
Prosa

Durcheinandertal
Roman

Labyrinth
Stoffe I–III: ›Der Winterkrieg in Tibet‹ / ›Mondfinsternis‹ / ›Der Rebell‹. Vom Autor revidierte Neuausgabe. Mit Personen- und Werkregister

Turmbau
Stoffe IV–IX: ›Begegnungen‹ / ›Querfahrt‹ / ›Die Brücke‹ / ›Das Haus‹ / ›Vinter‹ / ›Das Hirn‹. Mit Personen- und Werkregister

Theater
Essays, Gedichte und Reden. Mit Personen- und Werkregister

Kritik
Kritiken und Zeichnungen. Mit Personen- und Werkregister

Literatur und Kunst
Essays, Gedichte und Reden. Mit Personen- und Werkregister

Philosophie und Naturwissenschaft
Essays, Gedichte und Reden. Mit Personen- und Werkregister

Politik
Essays, Gedichte und Reden. Mit Personen- und Werkregister

Zusammenhänge
Essay über Israel. Eine Konzeption /
Nachgedanken
unter anderem über Freiheit, Gleichheit und Brüderlichkeit in Judentum, Christentum, Islam und Marxismus und über zwei alte Mythen. 1980
Mit Personen- und Werkregister

Versuche / Kants Hoffnung
Essays und Reden. Mit Personen- und Werkregister

Gedankenfuge
Essays. Mit Personen- und Werkregister /
Der Pensionierte
Fragment eines Kriminalromans (Text der Fassung letzter Hand)

Registerband zur Werkausgabe Friedrich Dürrenmatt
Chronik zu Leben und Werk. Bibliographie der Primärliteratur. Gesamtinhaltsverzeichnis. Alphabetisches Gesamtwerkregister. Personen- und Werkregister aller 37 Bände

Außerhalb der Werkausgabe lieferbar:

● Gespräche

Gespräche 1961–1990
4 Bände in Kassette. Band 1: Der Klassiker auf der Bühne 1961–1970. Band 2: Die Entdeckung des Erzählens 1971–1980. Band 3: Im Bann der ›Stoffe‹ 1981–1987. Band 4: Dramaturgie des Denkens 1988–1990. Herausgegeben von Heinz Ludwig Arnold. In Zusammenarbeit mit Anna von Planta und Jan Strümpel

● Briefe

Max Frisch/Friedrich Dürrenmatt
Briefwechsel
Mit einem Essay des Herausgebers Peter Rüedi. Mit zwei Faksimiles

● Einzelausgaben

Der Richter und sein Henker
Kriminalroman. Studienausgabe mit zahlreichen Fotos aus dem Film und einem Anhang

Der Verdacht
Kriminalroman. Mit einer biographischen Skizze des Autors

Grieche sucht Griechin
Eine Prosakomödie

Das Versprechen
Requiem auf den Kriminalroman

Justiz
Roman

Minotaurus
Eine Ballade. Mit Zeichnungen des Autors

Der Auftrag
oder Vom Beobachten des Beobachters der Beobachter. Novelle in vierundzwanzig Sätzen

Durcheinandertal
Roman

Der Pensionierte
Fragment eines Kriminalromans (Bibliophile Ausgabe). Text der Fassung letzter Hand. Faksimile des Manuskripts. Faksimile des Typoskripts mit handschriftlichen Änderungen. Mit einem Nachwort von Peter Rüedi und einem editorischen Bericht

Der Pensionierte
Fragment eines Kriminalromans (Text der Fassung letzter Hand). Mit einem möglichen Schluß von Urs Widmer und einem Nachwort von Peter Rüedi

Drei Kriminalromane
Der Richter und sein Henker/Der Verdacht/Das Versprechen

● Anthologien und Sammelbände

Das Mögliche ist ungeheuer
Ausgewählte Gedichte. Mit einem Nachwort von Peter Rüedi

Das Dürrenmatt Lesebuch
Herausgegeben von Daniel Keel. Mit einem Nachwort von Heinz Ludwig Arnold

Meistererzählungen
Ausgewählt von Daniel Keel. Mit einem Nachwort von Reinhardt Stumm

Meine Schweiz
Ein Lesebuch. Herausgegeben von Heinz Ludwig Arnold, Anna von Planta und Ulrich Weber. Mit einem Vorwort von Heinz Ludwig Arnold

● Das zeichnerische Werk

Die Heimat im Plakat
Ein Buch für Schweizer Kinder

Die Mansarde
Die Wandbilder aus der Berner Laubeggstraße. 24 Abbildungen mit Texten von Friedrich Dürrenmatt. Mit einem Essay von Ludmila Vachtova

● Über Dürrenmatt

Elisabeth Brock-Sulzer
Friedrich Dürrenmatt
Stationen seines Werkes. Mit Fotos, Zeichnungen, Faksimiles

Über Friedrich Dürrenmatt
Essays, Zeugnisse und Rezensionen. Mit Chronik und Bibliographie. Herausgegeben von Daniel Keel. Verbesserte und erweiterte Ausgabe 1998

Friedrich Dürrenmatt
Schriftsteller und Maler
Ein Bilder- und Lesebuch zu den Ausstellungen im Schweizerischen Literaturarchiv Bern und im Kunsthaus Zürich

Heinz Ludwig Arnold
Querfahrt mit Friedrich Dürrenmatt
Aufsätze und Reden

Hugo Loetscher im Diogenes Verlag

»Hugo Loetscher ist zweifellos der kosmopolitischste, der weltoffenste Schriftsteller der Schweiz. Es weht ein Duft von Urbanität und weiter Welt in seinen Büchern, die sich dennoch keineswegs von den sozialen Realitäten abwenden, ganz im Gegenteil. Loetscher ist eine Ausnahmeerscheinung in der Schweizer Gegenwartsliteratur nach Frisch und Dürrenmatt. Eine Ausnahmeerscheinung ist er durchaus bezüglich der literarischen Qualität. Er ist es aber auch als Intellektueller: Eben weil es ihm gelungen ist, die kulturelle und politische Enge der Schweiz in ein dialektisches Verhältnis zu bringen. Und fruchtbar zu machen.« *Jürg Altwegg*

Wunderwelt
Eine brasilianische Begegnung

Herbst in der Großen Orange

Noah
Roman einer Konjunktur

Der Waschküchenschlüssel oder Was – wenn Gott Schweizer wäre
Geschichten

Der Immune
Roman

Die Papiere des Immunen
Roman

Die Fliege und die Suppe
und 33 andere Tiere in 33 anderen Situationen. Fabeln

Die Kranzflechterin
Roman

Abwässer
Ein Gutachten

Der predigende Hahn
Das literarisch-moralische Nutztier. Mit Abbildungen, einem Nachwort, einem Register der Autoren und Tiere sowie einem Quellenverzeichnis

Saison
Roman

Die Augen des Mandarin
Roman

Vom Erzählen erzählen
Poetikvorlesungen. Mit Einführungen von Wolfgang Frühwald und Gonçalo Vilas-Boas

Der Buckel
Geschichten

Lesen statt klettern
Aufsätze zur literarischen Schweiz

Es war einmal die Welt
Gedichte

In alle Richtungen gehen
Reden und Aufsätze über Hugo Loetscher. Herausgegeben von Jeroen Dewulf und Rosmarie Zeller

Hugo Loetscher

Lesen statt klettern

Aufsätze zur literarischen Schweiz

Vom Alpinen in die Urbanität: Nicht in der Verherrlichung der Alpen durch Albrecht von Haller sieht Loetscher den Ursprung der Schweizer Literatur, sondern in der Autobiographie des Geißbuben Thomas Platter, der die Berge verläßt, um in Basel, der Stadt des Humanismus, sein Heil zu suchen. Der Blick geht übers Literarische hinaus auf ein Selbstverständnis, das von der falschen Flöten-Idylle eines Salomon Gessner zum ungemütlichen Seldwyla Gottfried Kellers reicht und weiter zu den Werken Ludwig Hohls, Adrien Turels, Friedrich Glausers, Konrad Farners und Blaise Cendrars. Nicht ganz unpersönliche Aufsätze, wenn der Autor über seine »erschwerte Verehrung« Max Frischs schreibt oder seine Erinnerungen an Friedrich Dürrenmatt festhält, dem in dieser Sammlung ein Hauptplatz zukommt. Einiges erfährt man zudem zu Adolf Muschg oder Niklaus Meienberg.

»Im Dürrenmatt-Kapitel wird Literaturgeschichte, die heute immer auch Mediengeschichte ist, aufs sprechende Detail hin verdichtet – und selbst zu Literatur.« *Martin Ebel / Tages-Anzeiger, Zürich*

»Es scheint fast, als hätten die beiden Großen persönlich den Autor angeleitet: Farbig, kräftig, zupackend kommt der Text über Friedrich Dürrenmatt daher; schlank, spröd und streng hingegen jener über Max Frisch, für den Loetscher eine ›erschwerte Verehrung‹ empfindet. Mit diesen Aufstätzen bestätigt er einmal mehr seinen Rang als ›Homme de lettres‹.«
Roger Anderegg / SonntagsZeitung, Zürich

Urs Widmer im Diogenes Verlag

»Wer kann heute noch glitzernde, glücksüberstrahlte Idyllen erzählen? Wer eine Geschichte über den Golfkrieg und die A-Bombe? Wer ein Märchen für Erwachsene von – sagen wir: fünfzehn an? Und wer eine Liebesgeschichte über Lebende und Tote, die uns traurigfroh ans Herz geht? Die Antwort: Urs Widmer. Er kann all dies aufs Mal und all das ist, eine Rarität in der deutschen Literatur, tiefsinnig und extrem unterhaltend zugleich.«
Andreas Isenschmid /Die Zeit, Hamburg

Vom Fenster meines Hauses aus
Prosa

Schweizer Geschichten

Das enge Land
Roman

Liebesnacht
Eine Erzählung

Die gestohlene Schöpfung
Ein Märchen

Indianersommer
Erzählung

Der Kongreß der Paläolepidopterologen
Roman

Das Paradies des Vergessens
Erzählung

Der blaue Siphon
Erzählung

Liebesbrief für Mary
Erzählung

Die sechste Puppe im Bauch der fünften Puppe im Bauch der vierten
und andere Überlegungen zur Literatur. Grazer Vorlesungen 1991

Im Kongo
Roman

Vor uns die Sintflut
Geschichten

Der Geliebte der Mutter
Roman

Das Geld, die Arbeit, die Angst, das Glück.

Das Buch des Vaters
Roman

Außerdem erschienen:

Shakespeares Königsdramen
Nacherzählt und mit einem Vorwort von Urs Widmer. Mit Zeichnungen von Paul Flora

Friedrich Glauser im Diogenes Verlag

Wachtmeister Studer

Roman

Mord? Selbstmord? Oder doch Mord? Der erste Roman Glausers mit Wachtmeister Studer.

»Glauser erfand die Figur des Wachtmeisters Studer. Nach eigener Auskunft dachte er dabei an Georges Simenons Maigret. Aber Studer wurde nicht eine Kopie. Glauser verhalf ihr zu unverkennbar helvetischer Selbständigkeit, indem er das Hintergründige in die Biederkeit steckte.« *Hugo Loetscher*

»Der Fahnder, den sogar die Sträflinge mit ›Eh, der Studer!‹ begrüßen, ist ein massiger Mann, ›schwer und hart wie einer jener Felsblöcke, die man auf Alpwiesen sieht‹. Wer je den Schauspieler Heinrich Gretler im Film als Wachtmeister Studer gesehen hat, der kann auf weitere Metaphern verzichten. Studers Lieblingsgetränk ist ›Kaffee Kirsch‹, unter seinem Schnauzer ragt eine Brissago hervor, und wenn er seine langen Verhöre beginnt, dann zieht er ein Ringbuch aus der Tasche und fordert den Verdächtigen auf: ›Hocked ab.‹ Das ist ein Ritus wie das Bier und die belegten Brote, die sein Pariser Kollege Maigret aus der Brasserie Dauphine holen läßt.« *Süddeutsche Zeitung, München*

Die Fieberkurve

Roman

Wachtmeister Studers zweiter Fall: Die Spur beginnt in Paris, über Basel und Bern gelangt Studer nach Marokko, das Glauser aus seiner Zeit als Fremdenlegionär kennt.

»Auf Mörderjagd in Marokko raucht Studer Kif, und die Haschischmusik klingt ihm, ›als werde der Berner

Marsch von himmlischen Heerscharen gespielt‹. Darüber geht ihm nichts, und um sein höchstes Wohlgefühl auszudrücken, ist schon sein stärkster Superlativ nötig: ›Suber!‹ sagte er. ›Cheibe suber isch es gsy!‹«
Süddeutsche Zeitung, München

»Friedrich Glauser mit seinem abenteuerlich umgetriebenen Leben und seiner Fähigkeit, es spontan in Sprache umzusetzen, mit seiner Unmittelbarkeit, seiner leidend und leidenschaftlich durchlebten Erfahrung ist tatsächlich eine Entdeckung.«
Bayerischer Rundfunk, München

Matto regiert

Roman

Unfall oder Mord? Wachtmeister Studer recherchiert in einer Umgebung, die Glauser aus eigener Erfahrung nur zu gut gekannt hat:
»Eine Geschichte muß irgendwo spielen. Die meine spielt im Kanton Bern, in einer Irrenanstalt. Was weiter?... Man wird wohl noch Geschichten erzählen dürfen?«
Friedrich Glauser in seiner ›Notwendigen Vorrede‹

»Offenkundig autobiographisch geprägt ist dieser Roman, der eine deprimierende Fülle hoffnungsloser Lebensläufe ganz undramatisch, als handele es sich um lauter Normalfälle, erzählt, Lebensläufe, die im Alkoholismus, in Schizophrenie und Mord enden und enden und enden.«
Bücherkommentare, Freiburg im Breisgau

»In diesem Werk Glausers ist auch ein surrealistisches, ein visionäres Element, Einfühlung für die Verrückten und ihre andere Welt: ›Ich kann mich nicht mehr über Verrückte wundern, die Stimmen hören, denn ich habe selbst Unsichtbare sprechen gehört.‹ Der Roman *Matto regiert* spielt in einem Irrenhaus, und das Irrenhaus wiederum ist hier – wie schon oft – ein Bild für die Welt.« *Die Zeit, Hamburg*

Der Chinese

Roman

»Eine Schweiz, wie sie sonst keiner kennt: Pfründisberg, ohne jeden Fremdenverkehr, ein Weiler, bestehend aus einer Armenanstalt, einer Gartenbauschule, zwei Bauernhöfen, der Schnapsbeize ›Zur Sonne‹, wo die Armenhäusler am Wochenende ihr ›Bätziwasser‹ trinken und aus dem Friedhof, wo man auf einem Grab die Leiche des ›Chinesen‹ findet, eines in seine Heimat zurückgekehrten Auslandschweizers – er ist erschossen, es ist Mord, und seine Ermordung hat der ›Chinese‹ schon vor drei Monaten dem Wachtmeister Studer vorausgesagt. *Der Chinese* ist mehr als ein Rätselspiel für den Fahnder Studer – soziale und psychische Atmosphäre: Armut und Angst, wie sie Simenon nicht besser geschildert hat.«
Süddeutsche Zeitung, München

»Glauser, den man zum Lügner gemacht hatte, stellte fest, daß alle lügen. Ihm leuchtete die Kollektivlüge ein; ansonsten wäre in einer Gesellschaft nicht möglich, was er ›Geselligkeit‹ nannte. Genau diese Geselligkeit aber zerstörte er. Er, der nicht ins Bild paßte, zeigte, wie das Bild nicht stimmt. Er führte vor, was wir alle zu vermeiden suchen: ›Als jener arme Hund dazustehen, der jeder von uns nun einmal ist.‹«
Hugo Loetscher

Krock & Co.

Roman

»Wachtmeister Studer ist kein superschlauer Meisterdetektiv mit divinatorischen Kombinationsgaben, eher der Typ des etwas schwerfälligen Dorfpolizisten, ein Mann, der den Alkohol nicht verschmäht und der sich gern aus der Enge seiner Lebensverhältnisse hinwegträumt in bessere ferne Welten, ein Mann, der aus eigener Erfahrung weiß, was es heißt, im Schatten dahinleben zu müssen.« *Hessischer Rundfunk, Frankfurt*

»Wie Maigret muß Studer eine Zeitlang im Milieu der Verdächtigen untertauchen, muß er ein Teil dieses Milieus werden, dann kann er mühelos so viele Verdächtige ausscheiden, bis der Schuldige zwangsläufig übrigbleibt. Studer freilich tut dies auf eine zurückhaltende und bedächtige Berner Art; er weiß: ›Es war nie gut, sich auf einen Fall zu stürzen wie eine hungrige Sau aufs Fressen‹; er macht systematisch Bekanntschaften und sammelt Bilder, ›eigentlich nicht anders als ein Fisel Schokoladebildli‹.«
Süddeutsche Zeitung, München

Der Tee der drei alten Damen

Roman

Das Genf der dreißiger Jahre als Schauplatz internationaler Intrigen, schwarzer Magie und rätselhafter Todesfälle.

»Glausers Kriminalromane sind nicht nur Schilderungen, angesiedelt in helvetischer Umgebung. Vorbild mußten für den Schriftsteller die ersten Maigret-Romane von Georges Simenon sein. In dem Roman *Der Tee der drei alten Damen* heißt es einmal: ›Spotten Sie nicht über Kriminalromane – sie sind heutzutage das einzige Mittel, vernünftige Ideen zu propagieren.‹ Für Glauser war die Form des Kriminalromans ein Mittel, sich für die verschiedensten Themen einzusetzen: es waren und es sind Themen, die ihm von eigenen Erfahrungen aufgedrängt wurden. Strafvollzug, Rauschgiftsüchtigkeit, Bedrängnis im Außenseitertum: es sind damit nur Andeutungen gegeben, wie Glauser versuchte, Verhaltensweisen in Situationen darzustellen.« *Tages-Anzeiger, Zürich*

Gourrama

Ein Roman aus der Fremdenlegion

In *Gourrama* hat Glauser seine Erfahrungen als Fremdenlegionär aus den Jahren 1921–1923 literarisch umgesetzt.

»Stimmungen zwischen Angst und Langeweile, zwischen fieberartiger Erregtheit und Erschlaffung, Mißtrauen, Prahlerei und gegenseitiges Werben um kleinste Zeichen von Anteilnahme bestimmen das Leben der Legionäre, einer zusammengewehten Truppe von Verlorenen und Verbannten. Abgeriegelt sind sie nicht nur von einer schuldbeladenen oder doch belastenden Vergangenheit, ausgesperrt sind sie auch von der Gegenwart der sie umgebenden Landschaft.«
Neue Zürcher Zeitung

»Ich glaube, daß *Gourrama* eines der besten Bücher ist, das in diesem Jahrhundert in der Schweiz geschrieben wurde.« *Peter Bichsel*

Rolf Dobelli im Diogenes Verlag

Fünfunddreißig

Eine Midlife Story

Häppchen und Wein, ausgelassene Feststimmung in der Firma, denn Gehrer, der brillante Marketingchef, wird aus Harvard zurückerwartet. Und das an seinem 35. Geburtstag. Tatsächlich ist er in Zürich gelandet, allerdings nicht mit der Maschine aus Boston. Gehrer war in Indien. Und er sitzt an diesem kalten Februartag nicht etwa in seinem Büro, sondern auf einer Bank am See. In einem entwaffnend präzisen Selbstgespräch zieht er Bilanz. Was geschieht im Zenit des Lebens? Wer ist er mit 35? Und was ist mit 35 plötzlich anders? Das Erwachen: Gehrer möchte nichts lieber als Gehrer loswerden, ein anderer werden. Aber da beginnt sein Problem.
Dobelli enthüllt scharfsinnig und poetisch zugleich ein zeitgenössisches Lebensgefühl und entwirft »eine kleine Philosophie des Durchbrennens«.

»Abgesang auf den trügerischen Glamour einer erfolgreichen Jungmanager-Existenz. Dobelli gelingt eine wunderbare Meditation über das Leben, die Liebe und das Altern. Mitleidlos, humorvoll, brillant.«
Roger Köppel/Die Weltwoche, Zürich

Und was machen Sie beruflich?

Roman

Ein Erdbeben in der Schweiz, im sicheren Zentrum einer Kontinentalplatte, »die so starr ist wie ein Fünffrankenstück«? Das Beben kommt, sein Name lautet Rezession. Ihm zum Opfer fällt auch Gehrer, Marketingchef der internationalen Firma SolutionsUniverse, kurz vor seinem 40. Lebensjahr.

Die Fallhöhe ist groß. Und Gehrer durchläuft sämtliche Vorhöllen und Fegefeuer, um sich mit seinem neuen Status als Entlassenem zu arrangieren. Vor allem eines gelingt ihm nicht: es seiner Frau Jeannette zu beichten, die gerade gnadenlos Karriere macht. Slapstick auf hohem Niveau, eine Komik, bei der einem gelegentlich das Lachen im Hals steckenbleibt, denn realistisch und mit feiner Beobachtungsgabe werden die diversen Stadien dieser Neuorientierung, einer Achterbahnfahrt zwischen Resignation und wütendem Optimismus, geschildert, die schließlich eine überraschende persönliche Wendung nimmt.

»Dobelli weiß genug über den Arbeitsmarkt, um die Entwicklung seines Helden souverän zu beschreiben, von Part-time-Jobs über Beraten und Beratenwerden bis zur zentralen Frage, was Arbeit eigentlich ist. Er kann sich auch in die Situation hineinversetzen, in die ein Vierzigjähriger mit allen Insignien des Erfolgs gerät, der plötzlich nichts mehr hier verloren hat. Und er verwebt die beiden Ebenen meisterlich.«
Michael Freund / Der Standard, Wien